能够享受工作的人是幸福的。

——歌德

塔莎的传家宝

（美）托娃·马丁　著
（美）理查德·布朗　摄影
孙婷婷　译

九州出版社
JIUZHOUPRESS

图书在版编目（CIP）数据

塔莎的传家宝 /（美）马丁著 ;（美）布朗摄 ; 孙婷婷译. ——北京 : 九州出版社，2014.12（2018.1重印）

ISBN 978-7-5108-3356-4

Ⅰ. ①塔… Ⅱ. ①马… ②布… ③孙… Ⅲ. ①生活方式—通俗读物 Ⅳ. ①C913.3-49

中国版本图书馆CIP数据核字（2014）第309834号

塔莎的传家宝

作　　者　（美）托娃·马丁 著　（美）理查德·布朗 摄影　孙婷婷 译
出版发行　九州出版社
地　　址　北京市西城区阜外大街甲35号（100037）
发行电话　（010）68992190/3/5/6
网　　址　www.jiuzhoupress.com
电子信箱　jiuzhou@jiuzhoupress.com
印　　刷　小森印刷（北京）有限公司
开　　本　880毫米×1230毫米　32开
印　　张　7
字　　数　50千字
版　　次　2015年3月第1版
印　　次　2018年1月第3次印刷
书　　号　ISBN 978-7-5108-3356-4
定　　价　45.00元

目录

前言

手　工

我与塔莎·杜朵是多年的朋友，每次我给她打电话或上门拜访时，塔莎一定正在忙活着她的某件手工。“我正在做一只玩具猫头鹰，”当我在冬至给她打电话时，她会向我汇报进程，“我做这些，是为了消磨时间啊。”不过我猜想，当她不那么忙的时候，更想做的事也许是倾诉，她却说，“才不是呢，我这不总是在摆弄这儿又摆弄那儿嘛。”

塔莎的手从来都闲不下来，她对无所事事的呆坐深恶痛绝。我去年夏天拜访她时，她正在药用植物园里，弯着腰，趴在芳香作物面前铲除杂草。如果这时候有谁中途插上来搭一把手，在塔莎的眼里那个人就注定是个出风头的女英雄，于是我基本上只能跟在她后边，帮着铲除花园里可能发生的隐患。无论如何，她的干劲儿不会持续很久，因为我们的交谈总是会跑题，聊着聊着，就说起她去年种的玫瑰，又或者我们把杂草筐落下了，应该去把杂草捆成一束。

真的，这仅仅是开始。当挤完山羊奶、饼干抹完黄油后，塔莎就会生起驱寒的柴火，我们围炉而坐，她一边织袜子，一边给我讲她那些古怪亲戚的轶事。如果织袜子不在当天的日程里，那么她就会为她那硬红色的衬裙织个蕾丝边，或是手缝一件她自己设计的连衣裙。我入迷地看着她，而她正灵巧地操纵着编织针、补缀针，或是任何手里的工具。有时候，我会散一会儿步，顺便看看她是不是又在画架前小憩，给水彩画加几笔最后的润色。“别犯傻了，”她快速晃着手说，“你丝毫没有打扰到我。你知道，我可不是什么大师，不需要躲在工作室里才能作画。来，坐到火炉边吧。”于是，我顺从地摊开壁炉边上的一只折叠椅，让时间在塔莎的故事里流逝。那些古老的故事，讲了又讲，说了又说。

在我的脑海中，我总是认为塔莎对于手工劳动有着浓厚的兴趣。毕竟，当我第一眼瞥见她的时候，正是她从一辆满载着养蜂设备的卡车前座上跳下来。那一刻的她，灰白的辫子整齐地绑在头巾里，长裙在微风中飞舞，脚步在蜂箱之间挪移。她来到我们家的花房，搜集矮株倒挂金钟。然而不一会儿，我们发现不单单就这一件事，因为塔莎在几小时之后又回来了，刚才放蜂箱的卡车后厢，凌乱地堆放着手工编织的篮子。显而易见，她是在以物换物，用养蜂的东西换来了篮子，她那被时

光风蚀的脸颊，洋溢着胜利的红晕。她卸下几个篮子，解释每处手工的亮点所在，然后开车走了。我想，即使那时我还不知晓塔莎的名气以及她作为儿童插画家的声望，我也会在那一刻发觉，自己的的确确遇见了一位非凡的人物。

作为一名极度痴迷的园艺爱好者，当我第一次拜访塔莎那带有户外区域的柯基小屋时，一切都是那么全神贯

塔莎对于圆瓜形状的篮子格外偏爱，因为它们方便携带。但她也承认，这样一个迷你的小篮子“除了紧紧包裹好的几枚浆果，什么都装不了。”她自己喜欢用采来的黑色白蜡树枝条，尝试一些错综复杂的编法。

注。我期盼着把每一刻时光都花费在葡萄树深处的小径漫步、在梯田里徜徉、在藤本植物丛中独辟蹊径，而当正午阳光暴晒时，则跟随野花的足迹走近睡莲池塘。可以肯定，我的注意力集中在那些开放的肉桂粉色花朵上。但即便如此，我仍然情不自禁地留意到了塔莎家的手凿内墙，以及满墙挂着的我从未见识过的精致物件。

当你拜访塔莎·杜朵时，会发现太多值得赞叹的东西。不仅仅我一个人这么说。当你第一次从她的花园走进屋内时，你的眼睛要花上几分钟来适应相对黑暗的氛围。即使是在烈日炎炎下，屋子里也是温暖柔和的。塔莎永远都在不停走动，尤其是在奉茶或是讲述她那引人入胜的故事时，特别需要你的全神贯注。以至于她几乎没有一分钟空闲来观察四周，除非暴风雨降临，那么塔莎就又去别处忙活了。于是，当你在她那迷宫般的小屋子里移步打量时，你才开始领会塔莎对于收藏的兴趣之广以及范围之大，也开始领会她如何能用双手制作出那么多不可思议的物件。

塔莎家中的每个角落和缝隙里，都隐藏着绝妙的小玩意。她家中有很多让人心仪的小木桶，还有更多的篮子，每一件单独拿出来都足够一个人用一辈子了。房间里，每个角落都放着装满谷粒或动物饲料的旧坛子；手织亚麻布随意铺展着，落着尘土；各种类型和用途的古老工具，悬挂在伸手可得的位置；还有巨大的织布机，仅在最近的一次统计中就有七台之多，占据了地板上的空余空间。但是这其中最令人惊奇的是，塔莎能够置身于这些四处摆放的物件中，忙得有条不紊。

我时常惊叹于塔莎那令人难以置信的勤奋。依照大部分人的术语定义，她并不是一个紧张不安的人。她只是单纯地喜欢让自己的双手不闲着。“就像你喜欢花园一样，我享受做手工哦。”她解释道。但是，我仍然有一个推测。我怀疑，热衷劳碌的性格，源于她美国北方式的教养。我遇见的很多美国北方佬都坚信，生命中的每一分钟都应该极富生产力地去劳作。塔莎因此把这个癖好发展成为信条。如果一个小流氓在夜里偷走了一只母鸡，那么她甚至会收集起露馅儿的鸡毛，并把它们缝制成玩具。

塔莎生命里的每一件东西都有目的。她那茂盛的花圃是经过私人精心策划的，是为了更有益于她的艺术作品。“那片玫瑰花田占据的面积太大呢，我都数不过来了。”她向叹为观止的访客们确认道。凡事都有收获，我确信在塔莎眼中，甚至柯基犬们在你的脚后跟活蹦

乱跳也是有益处的。独眼猫也有其贡献，即使我观察到它们只逮到了少得可怜的金花鼠。山羊、花园、木制的雪铲还有鸡，每一样都趾高气扬，因为在这里万事万物都有各自别出心裁的功能，并且每一样事物都彼此交融。花园里有枯草作装饰，为的是使山羊在冬季依然保持健康；山羊提供奶水，为的是给访客们供应乳酪；木柴保障了炉火的点燃，炉子烘焙出的馅饼派是塔莎的食物；塔莎为山羊挤奶、制作乳酪、烧柴火，并且为植物园除草（当然，是在访客们的帮助下）。塔莎生活中的所有组成部分，都如此相得益彰。

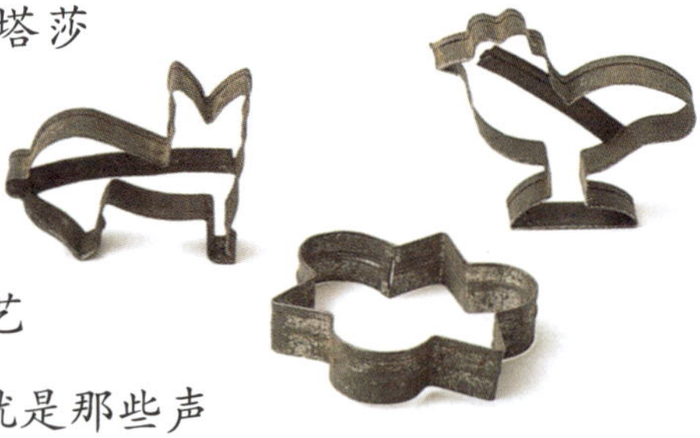

对于塔莎而言，手工艺品是用来分享的，她的家就是那些声名显赫的手艺人们的频繁聚会场所。每当到了给织布机穿

当塔莎开始在厨房里工作时，难以描摹的香气会扑面而来，所有那些迷人又独特的烹饪装备也会一一登场，它们中，一些是继承而得的，一些是后来淘到的，包括锡制的不同型号的曲奇饼干刀，以及木头雕刻而成的黄油模具。

针引线或者用蜂窝炉烤面包的时候，朋友们就簇拥在她身边，当蜡液融化时帮着给烧蜡的壶添柴，并在加热猪油制作肥皂时让柯基犬保持安静。

因此，每隔一段时间，手艺人们便聚集在塔莎家，分享、学习，给他们的手工艺品赋予生命力。这是值得领悟的

当饭菜在炉子上炖着的时候，塔莎就会溜进另一间屋子，捡起那张十五码的亚麻布再织上一阵子，这张布某天会用在她的衬裙上。"如果我可以持续投入更多的时间，那可能早在几个星期内就完工了，"她说着，叹了口气。

美好之事，但也同样苦乐参半。柯基小屋里发生的很多活动，都有沦为“被遗忘的艺术”的风险。担忧是显而易见的，因为大多数人都无法理解，居然有人乐意在冒着烟、浸着蜡油的煮皂锅前站着消磨掉一整天；他们好

塔莎从不尝试去给她的娃娃艾玛缝裙子，或是重新设计玩具屋的装饰品。“你真的不能给提线木偶换衣服啊，”她解释说。“每出戏，你都需要做一个全新的木偶。”

奇，是什么激起这些人的热情，竟能在白蜡树幼苗前辛苦劳作，仅仅为了一小把手提编制篮子的编条。已没有多少人还懂得如何对亚麻进行打麻、梳理的操作，甚至很多人都不再明白这些词语的意义。

我发现，当塔莎制作苹果汁、编织篱笆或者做其他需要别人帮着出力气的活儿时，她总是喜欢邀请几位孙子孙女辈的孩子，以及他们的年轻朋友。孩子们在农庄的狭窄小屋里漫步，参观着那些气派的玩具，并猜想它们如何使用。他们总是向往玩具屋与提线木偶，也向往吃到可口的馅饼派。其实最重要的是，他们花上了很长的几个小时观看到这些错综复杂、毫不停歇的手部飞舞动作，他们见证了难以描摹的手工艺品的产生。

在柯基小屋，随处可见的手工艺品，足以令一个小孩子着迷。"那只不过是一个旧的拖拉玩具，"塔莎说的是灶台旁边带轮子的玩偶。但是当孩子们看到古老的手工技艺是如何呈现这些时，他们的眼睛总会更亮了。

～

第一章

源自土地的手工

篮筐·木工·陶器

～

当你第一次驶入塔莎家那条风景优美的马路时，就会看到相当漂亮的树林，沿着曲折的道路顺势蜿蜒。当你走近柯基小屋时，在沉浸于羽扇豆草甸或者瞥见大谷仓之前，你首先会留意到烟囱中盘旋升起的烟火气息。那种火炉里烧柴的味道，便会引导你前行。

几年前，有人用斧子砍掉了塔莎家草甸尽头的一棵扭曲畸形的苹果树，她至今仍然很伤心。“表现不良的植株，仅仅靠修剪外部枝杈就可以扶正，不能因为头部长得不整齐就砍掉整棵树啊，”她解释道，“我真的相当沮丧。”从那一刻起，除了信赖的亲戚朋友，塔莎开始对每一位企图进入她的领地指手画脚、乱砍乱伐的人充满警惕。

塔莎并不是第一个为山坡上苹果树的减少而沮丧的居民，还有一个饲养蓝色知更鸟的家庭也深受影响。“苹果树是鸟儿们最喜欢的筑巢地点，”她总是这样惆怅地说，“当树被砍掉后，鸟儿们再也不回来了。”在塔莎看来，万事万物都有不同的功能，树林不仅仅能在夏季遮荫防晒、在雨季防止水土流失，它们更是鸟类朋友们的栖息场所。如果树木有完整的枝干，那对于山雀等鸟类的栖息是很有好处的。

塔莎家的小山坡上，茂密种植着雪松、冷杉、山毛榉、湿地枫树、白蜡树和桦树。当她拜访位于马萨诸塞州康科德的艾默生一家时，她会在口袋里揣回来几颗栗子；当栗子成功地发芽，长成的树木会从晒衣绳下蔓延枝丫。仅仅是从鸡场的脚印上也能长出羽翼未丰的英国橡木，那源于儿子汤姆从舍伍德林区捡回来的橡果。当然，绝大多数的物种看上去就来自于周围的乡村。

即使自己已经有足够的木材可供取暖和烘焙所用，塔莎仍然宁肯从邻居那里获取燃料，也不攫取自己丰饶的森林。并且，她确实喜欢把家里弄得温暖舒适。“没有一点儿必要弄得那么冷冰冰的嘛。”她一边表态，一边把引火的木柴添进火焰里。每次我打电话给她，总是恰好打扰到她正在和火炉进行的对话。“你别挂哦，等我一分钟，我去看看炉火。”她在电话里说着，在铸铁炉门的吱嘎声后，我就听到一阵“嗒嗒”的轻快脚步声，她跑进了另一间屋子。

塔莎用对待人类的情感照看着炉火。两只壁炉在一个又一个寒冷的日与夜劳碌着，塔莎辛勤地添柴，房子通体暖和起来了。这所有的一切，都取决于丰盛储备的燃料。

给灶台生火可是一项讲究技巧的科学本领。归根结底，若想使烘烤的食物更完美，灶台温度必须保证稳定

持续。有人质疑塔莎，为何对灶台柴火如此谨慎，她对此的标准回答是，“我能烘烤出一只像天使般完美的蛋糕，既坚硬又干燥的木柴是这其中必需的。”当然，当食物端上来时，人人都抢着吃了再吃。塔莎的观点事实胜于雄辩。

可以确定的是，诸如添柴之类的只是琐碎的家务事，但

佛蒙特州的树林，为冬季取暖提供木材，也为许多工艺品提供原材料。甚至塔莎使用的一些工具，比如刨工台，也是用这种天然木材手凿出来的。

塔莎的家就是由这些持久的点点滴滴的琐碎所构成。如果有人能够在冬至的时候登上这座山顶，就可以证明塔莎的家是多么的舒适整洁。每一个房间里的每一把椅子，都被盖上了手工编织的围巾，没有任何不统一的特例。当客人有需要时，这些围巾随时可以披到肩膀上。但是老实说，在塔莎农庄的屋里，我还从没察觉到有半点儿风吹进来的迹象。

实际上，当你在柯基小屋住过一两个月，才会发觉，它其实留存了你心底深处的那份安逸。每一块手工切割的地板、每一根卯榫结构的房梁，都流露出几分硬朗的气质，通常这样的气质只在几百年前的老房子里才会出现。

当然，不论外表上还是灵魂里，塔莎的家看起来都很老了。它有一种滋养了几代人安康的气场，虽然它仅仅是在二十一年前由塔莎的儿子赛斯建造的。岁月的气息是超越年代的，不论是母亲还是儿子，都着力于创造一种无处不怀旧的氛围。从设计上讲，塔莎在美国新罕布什尔州的康科德，选择了一处自己向往的1740年代的庄园。儿子赛斯往返庄园很多趟，亲自测量并实践，如实地重现了这一计划。然而，其中一个重要的变更是必需的。地板的计划被推翻了，这样一来，整栋房子就气派地直接坐落在塔莎家的山顶上，而不用破坏和重整土地。为此，塔莎饶富趣味地指出，“那是因为赛斯如果把炸药当雇员时，会很不爽呢。”

不仅仅因为柯基小屋是一个如实重现原生态的结果，也因为这所房子实践了真正的十八世纪生活方式。零星散步的农舍所用的长条木板，是原生铁杉，旁边就是把松木锯成段的小工厂。整座庄园里，只有当小工厂开工的时候，才是惟一需要接入电力的时候。塔莎的家，从起初开始建造、长距离地搬运木头，到之后的几年里，一直没有通电，当然，赛斯用手工完成了每一样工作，一个又一个无尽的长夜，他与弟弟汤姆围坐，小心翼翼地削着橡木腿，这些橡木腿保障了屋梁不移位。此外，砖石工程都是赛斯做的，而房屋盖瓦是由汤姆完成的。“这真是一个奇迹，”赛斯回忆着，“就像是读着一本很棒的书，你总是对故事的结局有自己的奇思妙想，但是接下来的情节却总是悬而未决又峰回路转。”最终完成的作品，是技艺与工程上的奇迹，尤其是当你考虑到赛斯其实未曾受过任何相关领域的专业训练。但

是事实上，如果他真的有了一些可怕的木匠经验，那么惊喜就会少了很多。他的一位外祖父，威廉·斯塔林·伯吉斯当年是一位造船工程师，他曾经设计过担任世界杯足球赛保卫任务的赛艇。

建造庄园的过程中，赛斯兄弟几乎没有助手，也

由于在旧农庄里长大，赛思有足够的机会学习传统建造技术。没有人能猜得到，他徒手建造的立柱与横梁结构的谷仓，其实远没有几百年那么古老。

没有得心应手的工具，面对不可避免的困难时，赛斯总是能用他那与生俱来的天赋，富于创造性且有效节约成本地一一迎刃而解。（和他的妈妈塔莎一样，赛斯也是个彻头彻尾的美国北方佬。）每当到了该往谷仓顶上垒木材的时候，他就会在仓库里翻箱倒柜，以便翻出一些废旧的木料，用它们做成一个造型独特的临时起重机，担起重物。赛斯和他的起重机几乎完成了那些需要几十个强壮的邻居来帮忙的重活儿，比如把沉重的木框架从头到脚地抬起。“这起重机看上去太棒了，像一艘海盗船似的。”塔莎回忆道。

所有的人都说，这座庄园的修建耗费了赛斯整整三年的时间。当外观工程完成时，他又马不停蹄地开始了室内工程，执行那些有待完成的工作，把窗台故意安装弯曲，把门装得歪歪扭扭。对他来说，这座庄园的个性，正在于这些闪闪发光的缺陷。“没有任何艺术作品是处处完美的，”他举例说，“比如这个地方，为了避免碰到脑门儿，门框刻意安装得比较低。”当然，在整个建造过程中，塔莎也帮了很多的忙，她主要的职责是铺地板，“这就是为什么庄园里会有那么多铺着木板的多孔沟渠。我们曾经试过使用天然木材，但是那种材质会缩水进而产生裂缝。我总是有这样的预感，在裂缝中撒一把罂粟种子，都能长成花园了。”塔莎也负责一些窗框设计，历经时光的推敲，它们被证明是很成功的。当然，当天气变得恶劣时，每个窗框还会被罩上一个用木钉加固的温暖得体的防风窗。总之，结果就是整栋房子从内到外看起来都越发古老了。“这老派的样貌能够唬骗一些人，你不这样觉得么？”塔莎经常这样问我。“当然了，除非他们之前读过你的某本书。”

在内部，这栋房子由若干迷宫一般的小房间、狭窄的走廊以及很多扇门构成，推开一扇门，还有隐藏在更深处的房间。这些年来，我曾经到访过塔莎家很多次，但只要仔细寻找，我仍然能够持续发现那些做梦也没想到过的新大陆。比如有一个房间里摆着塔莎十六岁那年收集来的家具，那是她第一次参加拍卖会就拎回了一大箱物件。“对于这么甜美可人的物件，真的不希望有人出价比你更高啊。”她俏皮地笑着说。

赛斯继承了他妈妈对于优质家具的迷恋。如果你漫步在通往庄园的丛林，你会发现工作台上有一个木匠，正在创作着带有早期美洲原住民嗜好和特质的手工复制

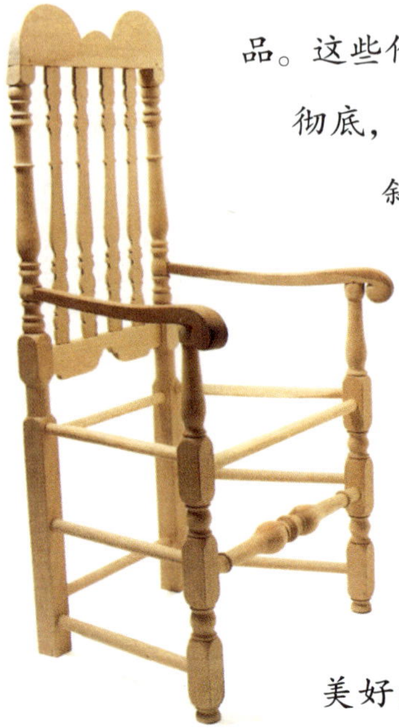

品。这些作品的每个转角处都会雕琢得很彻底，这一点也像原住民一样。还有斜边的切磨以及轮廓的勾勒，也如此可爱地沿袭了这一气质。这个精妙的小技巧不仅仅存在于家具的优雅曲线上，其实存在于房屋建造的整个过程中。

塔莎房子里的每一件物品都各自彰显着功能，并表达着美好的用途。椅子是前倾的，这样更利于坐在上面的人写字、缝纫或专注于做手里的活儿。橱柜带有网孔的门和粗糙的架子是特别设计的，这样更利于罐子里水果的保鲜。

虽然在建造房子的过程中，塔莎完成了她的分内工作，对于那些由邻居家现场出售的隐藏部件，她也清楚地知晓它们的使用方法与潜在用途，但从任何意义上

每当赛思要做一件复制品时，
他都会把正品的每一处雕刻都仔细研习。
然后他出门，砍倒一棵树，
再把木材放在车床上，
就像几个世纪前的家具制造工人一样。

说，她仍然称不上是一个木匠。“之前因为需要，我制作过一只扁平的木箱。但是赛斯回来后，给我展示了另外一种更便捷的途径，比我想出来的拼接木头的方法强多了。”塔莎也曾用锤子钉成一个花式的鸡窝，以此来饲养她那些珍贵的禽类。但是最主要的一点，当谈及木材的时候，塔莎往往更喜欢鉴赏，而非建造。

而且，她的鉴赏也不是随随便便的。你要相信，塔莎所拥有的一切在她眼里都是各司其职的。猜测每样物件的名字是什么、为什么放在那儿，这已经是一种游戏。她家里有各式各样数量众多的箱子、大桶、小桶、水瓢、水桶，每一样都有特定的用途，所有的器具都等

Fred

待着在农庄劳动的某个时刻大显身手。比如有一个精巧的回旋镖形状的小装置，是专门用来伸展鹿皮的；有很多把铲子，包括一只木质的雪铲，都被完好地打蜡保养，这样看起来比那些廉价的铝制铲表现更优良；还有几把干草叉；还有各种类型的耙子；以及脱粒用的连枷。“它真是一件长着尖牙的坏坏的工具。”塔莎给出了这个快捷的定义。塔莎还有另一个庞大的收藏，叫作“轭”，它们的设计是为了让娇小柔弱的肩膀更容易担水。别忘了，塔莎已经有六年没用过室内上下水管道了，“似乎在零下的温度里，动物们更容易口渴。”

塔莎并不是狂热追崇那些缺乏实际功能的琐碎小装饰品，如果不是她每天都需要使用那些篮子，用来提着蔬菜进厨房或是装着洗好的衣服成排晾晒，那么你能肯定，她不会浪费半点儿时间去编制它们。事实的确是，她无时无刻不在使用着篮子，因此她甚至对于篮子有一种善意的尊敬。

冬天里，
动物饲料会被一只旧雪橇搬到谷仓内。
在室内的木桶里储存，这样更安全。
塔莎最喜欢的一只木桶，
是一整块巨大的中空木头制成的。

应该说，当我们聊得更深入之前，塔莎从未把自己编篮子、缝被子、织东西或者做任何其他手工劳动所得的产品叫作“工艺品”。事实上，她强烈地讨厌这个词，当她第一次捕风捉影地在这本书的标题上发觉这个词的时候，很是大惊小怪了一番。“我做的不是什么工艺品嘛！”她肯定地说，“好吧，如果是那样的话，我们如何描述你做的东西？”我惴惴不安地问她。“喜欢怎么称呼就怎么称呼吧，但就是不能叫工艺品！”她用肯定的语气回应我。我们绞尽脑汁地去思考一个更适合描述这些手工产品的名词，但是真的想不出比“工艺品”更

适合的词了。于是塔莎最终同意还是使用“工艺品”。

终其一生，塔莎都很偏爱篮子。但是直至二十年前她才决定亲自去学习如何编制篮子。那时候，正好她和韦恩·朗德尔熟识，并自此成为亲密无间的朋友。如果你在街边或是市集上见过韦恩先生，你就会知道他是

当塔莎手工制作篮子的时候，
她基本上可以将之视为大负荷量的劳动。
“甚至当白蜡树浸透时，破开夹层也不是件容易的活儿呢。”

一个多么害羞的人。但是当他投身到手工制作时，他又是多么的激情昂扬。因为塔莎总是对韦恩先生的作品抱有热情的称赞，以至于他声名鹊起，于是韦恩先生隔三岔五地就会来到佛蒙特州，一起趣味相投地编织篮子、分享心得。

塔莎的每一只篮子都有一个特殊的用途。比如说，有专门的乳酪篮，就是带孔的网状篮子，可以让所装物品暴露在空气中。塔莎还会用一种秤上悬着带夹板的篮子给茶叶来称重。

每当塔莎学会一种新技艺，她总是一一遵循从零做起，而韦恩先生则在一旁津津乐道着显而易见的道理。比如，编织篮子这件事，就是从黑色白蜡树的属性讨论开始的。“黑色白蜡树，是新英格兰北部地区人民很偏爱的树种，”韦恩先生解释说，“其实，白色白蜡树同样很适合编筐啊。”可是，除了传统的黑色白蜡树枝条，塔莎是不会选择任何其他树种的，因此，一切照旧。

一根笔直的、没有节的树木，起码要生长到十英尺的高度才能被选用并砍倒，树皮被剥掉，树干被平铺，再浸泡到屋边的小溪里过夜。如果第二天你来得早，那么你会听到韦恩先生用大木槌一寸一寸饶有节奏地敲打木头的声响，回荡在树林里的回音。前几年，塔莎曾经尝试自己亲自敲木头，但是一直敲到最后一天，她的手疼得太厉害，以至于不能去挤奶了。因此，现在她远离了这部分工作，将之委托给韦恩先生。

大木槌是由山胡桃木制成的，看起来就类似于一只缩小的棒球球棍。当山胡桃木被反复肆意地砍伐并用于制造大木槌时，这种树的树皮开始变得普遍而廉价，于是索性将之剥落下来，撕成优雅的丝带状。这种丝带很窄，在刨工台上刨得平滑之后，很适合用作篮子的辐条。但是对于制作夹板，韦恩先生必须用他的小刀把木料劈的更深些，随后小心翼翼地漆上标签，再仔细地把木料剖成单独的长条。然后备好的辐条就被搁在一旁，等待着设计成别具风格的篮子。长条木料需要浸泡，韦恩先生熟练地把控它们的出出入入，以使之定型，直到桩杆与所需相似。塔莎更喜欢做编篮子的收尾工作，因此她的篮子总是很大、很费时，消磨掉她很多倚着炉火的夜晚。当然，这也不必大惊小怪。完工后，每一个篮子都有一种纯粹的复古高雅风尚。

塔莎并不是家族成员里惟一一个喜欢编织枝条的人，她的外孙温斯洛也曾热衷于手工。作为一个精力充沛的年轻人，他更喜欢编织那些粗凿的枝条，比如正门花园的篱笆围栏。充满诱惑的花坛就位于院子旁边，篱笆可以阻止鸡群破坏花坛，而篱笆上的带叶小枝不容易让外人接近，在早春季节还具有一定的防止外人踩踏幼苗的作用。因此，篱笆不仅看起来美观而且相当实用。“我总是好奇，为什么编织篱笆的枝条在我们的村落不容易找到呢。在英国，柳条篱笆几乎家家可见呢。”

编织篱笆的技术显然是一代一代口耳相传的。实际上，塔莎的妈妈在她马布尔黑德的玫瑰园里，曾编织过六英尺高的篱笆，以此保护她的灌木不被马萨诸塞州海岸线吹来的狂风吹倒。当然，塔莎都一一做了笔记，并且在接下来的几年将这些技术传承给了她的外孙。

报春花前方的篱笆，是为了防止小鸡们将花朵撕成碎片。因为这个目的，它只要修成一足高就可以了。

在塔莎那繁茂的树林里，防风林甚至都是不必要的。所有的一切只需在边缘设立足够高的篱笆，用来警示路人、恐吓鸡群。温斯洛的篱笆通常有一英尺高，他会把细节做得很完美无缺。首先，几株漂亮挺拔的树苗被砍掉。“在小树林里可以找到最优良坚挺的树苗，它们密集地发芽并且笔直地旺盛生长，”塔莎解释说。粗壮的基部被切割成直径十八英寸、高六英寸的木桩。之后把树苗上部较细且容易弯曲的部位，再绕着木桩编织缠回来。“温斯洛操作得不十分正确，”塔莎说，“他总是不用手指甲，跟他妈妈一样哦。”这样操作的篱笆不会维持太久，但是也能完好地保持六年左右的样子。对于园子里滚滚的花海，木头提供了很好的映衬，而篱笆旁边或远或近地散放着的陶土罐，也成为美丽的景致。

塔莎家那茂盛的已经坍倒在台阶上的农庄花园，非常有个性，简直让人屏气凝神；凌乱的玫瑰花丛，竟然漫过了头顶；带尖塔的毛地黄太高了，以至于在它树荫下乘凉的任何人都显得很矮小；麝香豌豆花伸展得过分稠密，香气馥郁，让你根本找不到它们是缠在哪一根篱笆上。在这座小小的伊甸园里，竟然藏着如此多令人艳羡的东西。但即使不谈所有园艺学上的惊人长处，塔莎的花园也足够称得上是一座庞大的红土陶花盆博物馆了。

陶艺为花园平添了许多不可估量的氛围。遇到过分旺盛的植物蔓延生长到黏土罐外面时，总是一件欢欣喜悦的事情。从美学的角度来看，陶器是植被的有益补充，因为它提供了纹理与色彩恰到好处的组合。并且，以红土陶为摇篮，使得植物们的生长过程看起来津津有味。塔莎声称，黏土的多孔性，有利于植物的旺盛生命力。

塔莎把不同型号、不同形状的黏土花盆都放置在阳台墙角，那是穿越花园的重要位置。除了那些被频繁使用的，剩下的都放在盆栽大棚里堆成一堆，等待着专属于它们的植物。塔莎更青睐十九世纪的英国式陶罐，这些设计简洁又结实耐用的容器，构成了塔莎收藏品的主体。黏土容器总是在恰当的位置设计有漂亮的凸起或优雅的弧线，不论我的眼睛随意瞥到哪一只都如此，它们都美得毫无悬念。当然，这些大肚子家伙是塔莎特意挑选的，只为容纳那些饥渴的植物们充足的根系。但是每一只陶罐的轮廓都有稍许的不同，每一只都有其独特的气质。有的是没有锁边儿的，有的带有轻微的卷边儿，还有很多陶罐外表面上铭刻着上任拥有者的名字，即使持续的盛水以及频繁的触摸使得签名字迹格外模糊，也

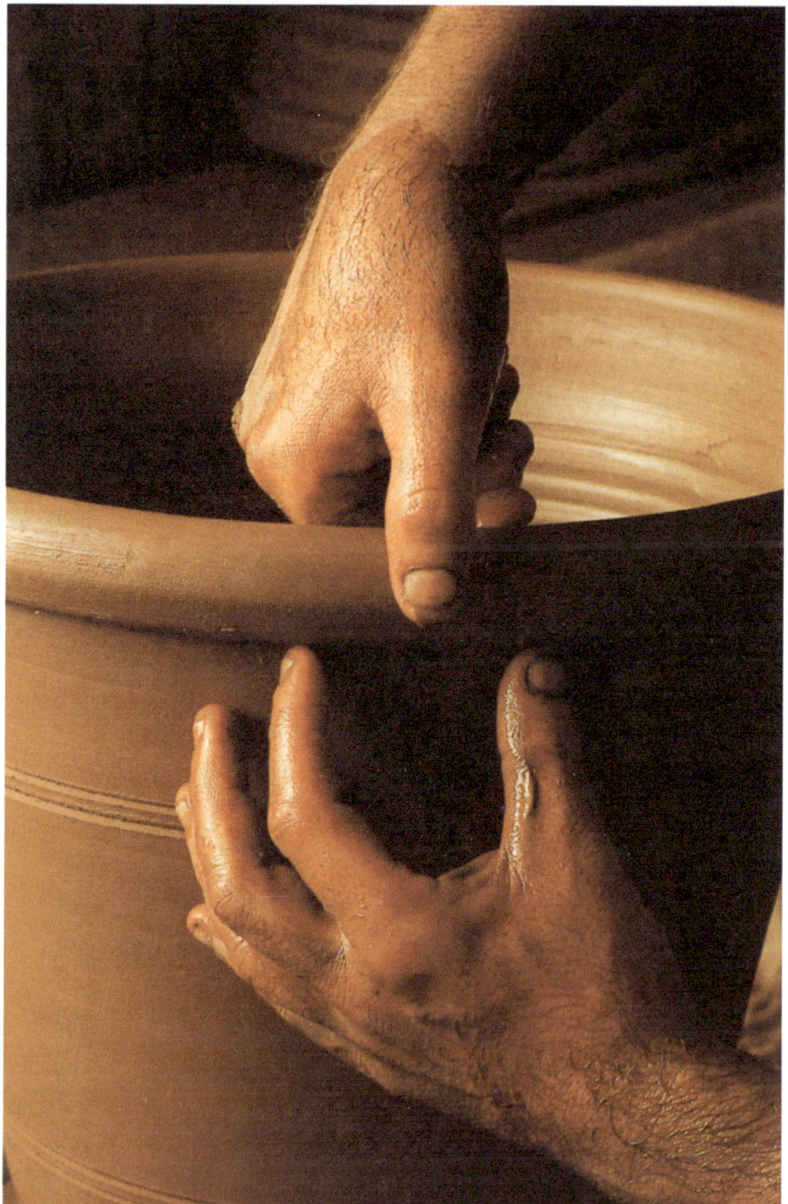

依然充满荣耀。除了素色的英式陶罐，塔莎还有一些陶制的播种盘、长槽、盒子、边缘带凹槽的罐子、草莓罐，以及其他任何可以用黏土制造出来的不同款式和型号的容器。

虽然她的收藏如此之巨大，但需要装进罐子里的植物数量，也曾经一度高过于那些严重剩余的红土陶花盆的数量。那时候，塔莎找到了盖伊·沃尔夫，康涅狄格州利奇菲尔德的一位陶艺师，曾师从于威尔士好几家陶艺厂的大师。除了陶艺，他还搜集了几乎全部的英国民间歌谣演奏曲目，如果你走近他的车间，常常未见其人，先闻其声。那些在他肘下整装待发的乐器，六角手风琴、班卓琴或六孔小笛，可能正演奏着或愉悦或高贵的旋律。盖伊不仅仅要把黏土坯子用适当的凸起和曲线塑形，他还要保障这些陶罐禁得起化学元素的腐蚀，并

盖伊·沃尔夫花盆上的卷边和铅笔线，
那复古的风范如此地道，
以至于古董经销商都要把它们当作正品了。
为了防止欺骗，盖伊会在每一件作品上面盖上写有他名字和日期的印章。

在盛装重物时不被撑破。最重要的一点是，他的陶罐能够让植物根系畅快地呼吸。“有一个小秘诀，是往黏土里面掺入沙子，这样晶体颗粒之间的缝隙会变大。”他解释道。“塑形之后，陶罐要被放进火炉里用极高的温度烧制。而现如今，那些批量生产的陶罐，其主要问题在于黏土必须保证一定的弹性，才能被轧入模具。这样的陶罐能被制造出成千上万，但是弹性破坏了通透性，植物的根系可就倒霉了呢。”

在盖伊开始制作花盆之前，
他一直专注于粗陶器。
“起初，钴类颜料主要是作为装饰来运用的，这种设计是用鹅毛笔小心翼翼地蚀刻上去的。”他说。

围观盖伊在齿轮前工作的状态，是一件颇有压力的事情。当他工作时，身体的每一部分都动起来。膝关节垫在陶罐底部，手掌抵住另一侧，用胳膊肘在中间挖空，整个现场灰尘飞扬，水流滴漏，黏土飞溅。如今，他花费绝大部分时间用来制作花盆。实际上，仅仅去年，他就用掉了四万英镑的制陶黏土。“但是这算不了什么，”他再一次跟我确认。“艾萨克·波顿退休那年，他一天就做出一吨重的成品。”即使盖伊没有在产量上超越这位传奇的英国陶艺师，但他让塔莎珍视的是他在创作中展现的技艺，而并非产量。

把个人精力投放到园艺器皿之前，盖伊一直专注于粗陶器，他也曾和塔莎分享过这项嗜好。数不清的粗陶坛子，盛满不同种类的面粉、豆子、狗饼干、薄脆饼干、花生酱，以及其他可以放在橱里或手边上的心仪之物（只要装上任意种类的小零食就好）。每只坛子都形态各异，有的带把手，有的没有，有的带盖子，有的敞口。他最喜欢的一只，是一夸脱大小的黄油搅拌器，它永远矗立在厨房柜子上等待着大显身手。

盖伊告诉我，在过去的年月里，殖民地不允许制造

当时被视为高级货的粗陶器，因此美式的粗陶坛子起初是从英国进口的。独立战争之后，制陶业才蔓延各地，但是大家最初都使用同一种源自新泽西州南安博伊浅灰色的黏土。“因此，显而易见，那种浅灰色的粗陶罐是来自城市制陶厂的，而那种混入当地黏土的暗灰色粗陶坛子，则是被放在农村商店里销售的。”盖伊一边往转轮上掺入另一团黏土并迅速旋转，一边解释着。

除了她的花盆和粗陶坛子，塔莎还有好几套瓷器，其中的几件在下午茶时段可以一睹芳容。无论塔莎多么的忙碌，无论是她刚从哪里归来或是正计划去哪里，喝茶的时间永远要有。新鲜出炉的司康饼香飘四溢，足以引诱任何人。每个人都端着托盘，帮着夹取司康饼、曲奇饼、蛋糕，然后步行到有柴藤和铁线莲树

塔莎和盖伊的祖先都曾经驾驶快艇到过中国。
“这些瓷器都是由小孩子们绘制的，”
盖伊解释说。“它们最初的设计都是这么简明扼要的，
但是随着时间的推移，
潮流变得越来越抽象繁复了。”

荫覆盖的蜿蜒小路边的低矮台阶上。在仲夏的时候，塔莎会准备好一套质朴的木桌椅，周围是倒挂金钟花丛，环绕的凉亭里再摆上几只红土陶器皿。如果有人帮一把手，那么桌子上很快就会铺满食物、银餐具、折成优雅形状的餐巾纸和瓷器，而茶水通常要等一会才端上来。喝茶是一件多么悠闲的事情，但塔莎总是用另外的方式呈现。

当用餐完毕，清理干净的瓷器被重新放回橱柜。“用不用我帮着弄盘子哦？”我问。“好啊。”水池旁边的鸟笼里，“格勒船长”鹦鹉学舌地叫着，那语气简直和塔莎如出一辙。我小心翼翼地把用过的杯子放进塔莎的铜水龙头下面，抹肥皂、漂洗、烘干，然后把它们挂在橱柜的挂钩上，等待着下一餐的恩赐。

～

第二章

田野与花园

植物 · 干花 · 胡麻

～

塔莎全部的收藏品，都与她的艺术相得益彰。她缝的裙子，她编的篮子，甚至是一些在她书中插图里出现的自制提线木偶，都如此。塔莎画的，就是她自己的生活。山羊、外孙、骄傲的公鸡和它的母鸡们，甚至是在她书中某一页插图出现过的黄油搅拌器和手纺车。有太多值得去描绘了，因为塔莎把每一寸光阴都真实花费在亲手制造美好的事物上，所以她根本不用靠想象来捏造虚构。在她书中的边缘空白处，所有那些奇妙的印花版和挤满花朵的花环装饰，都是依照她真实生活中的模板来印刷的。“你看，我用作藏书票的原型，是那个花环哦，”她骄傲地说，“它可是被精心装饰过的，满满的，都是苹果、玫瑰花蕾和浆果。”

塔莎自制了不同类型的花束，或小巧，或庞大。小巧的，比如家里每一只鸟笼子里都有至少一个迷你的花

束，每天，若鸟儿们把花束撕扯成碎片，她会再仔细地整理和补充。每当顶级公司的职业花艺师被邀请时，还会呈现更加踌躇满志的花艺表演秀。春天里，塔莎会为一部分幸运的朋友们制作一些花朵配饰，就是把紫罗兰和其他一些芳香花卉一起打孔，然后串到一个由芳香草本植物做成的项圈上，再绑上丝带。晚些的时节，她还会用交叠的链子把小雏菊串成可爱的花环，以作为她们在仲夏晚会上的桂冠。

只有在夏天，塔莎才能找到那些可以用来做绘画"模特"的花朵，因为那时她所有的时间都花费在给梯田里的水果除草、施肥上。虽然塔莎在种植之前从未在打过腹稿，但她总是有一双慧眼，能够发现那些将来能出类拔萃的花朵。在生长的季节里，其实很多的花都满足条件，只是她几乎没时间绘画。当然，在冬天里，想获得一个绘画"模特"可就不是件容易的事。

即使在一月份，塔莎的温室也布满了花朵。因为

塔莎的问候卡片上的每一处花边，都有生活中的原型。
在早春时节，报春花和开花的球茎类花卉经常被选作样本。
而在冬天，塔莎会找一些飞燕草、蜡菊、百日草、芍药，以及一些香草。

有足够的阳光，天竺葵绵绵不绝地贯穿一整年，从优选的灌木到不同月份的供陈列的山茶花，也都有稳定的供应。但是，塔莎总是要求更多的花朵“模特”，以此在画面上呈现更加青葱的边缘。为了达到这一目的，她有时候也会利用干花。

比起那些印刷在《牛津英文诗歌集》书页之间，带有情感寓意的四片叶子的三叶草、三色紫罗兰和玫瑰花蕾，干花并不属于塔莎的最爱。如果问起她对于四季的情感，她会引用莎士比亚的诗句：“圣诞莅临，我不再渴望玫瑰，而是渴望五月的雪，那崭新的欢愉。”她喜欢依照不同的季节时令，来欣赏不同的花朵。她更喜欢把有生命力的植物表现在画面上，填充在房前屋后的花盆里，为此，她不惜挖空心思。大门前即将挂上的花环，是由常绿植物混合组成的，她的圣诞花环则是由黄杨木的小嫩枝编织而成，形成一个光泽而密实的绿叶圈儿。因为塔莎是一个地道的美国北方佬，她很喜欢四季更迭的自然节奏，而坚持回避违背自然的矫揉造作。

作为一种信条，她种花并不是为了制作干花。有一年，她特意把蔬菜园子里种上了终年不谢的野花，飞燕草、羊耳蒜、海石竹。因为塔莎总是把它们种在外侧，

所以往往是一目了然。当花蕾刚刚张开的时候，塔莎便开始收割，这样能够保持最好的颜色，而且要在清晨就收割，那时候植物的茎汁液最饱满，以便能够在制成干花后依然保持亭亭玉立的姿态。然后她把干花一把一把地捆扎好，用酒椰叶纤维扎上，挂在温暖的厨房里。厨房总是塔莎的荣耀与欢乐之地。但是最终，她还是会对这些永远悬挂在头顶上的一成不变之物感到审美疲劳。从园艺学的角度来讲，塔莎更喜欢经常性地变换风景。圣诞节临近的时候，大多数干花都派上了用场，分赠给了各路朋友。然而，只有一小部分残余的仍然留在家里，挂在房梁上，无论屋外多么的阴暗，那些干花倒是为用食品储藏室增添了一抹亮色。

干花并不是悬挂在房梁上的惟一植物。如果你个头够高，你很可能还会被食品储藏室里那悬在空中的成捆香草干货磕碰到，塔莎这么放置，是为了做汤时伸手可得。当春天临近的时候，你就不太需要在厨房里如此闪闪躲躲了，因为那些成捆悬挂的香草干货的需求量会慢慢减少，而被更多的时令蔬菜所取代。当夏天到来的时候，又有了显而易见的缺货，这些香草干货就又被再度补充上存货。每到那时，塔莎一手拎着从厨房里拿的大剪刀，另一手挎上她钟爱的采摘篮，便搜集香草干货去了。

香草园占据着小山的山顶，周边环绕着罂粟。它位于山坡的这一侧，这儿土壤贫瘠但排水优良，这正是塔莎每天都要使用的香料作物的理想种植场所。实际上，更利于香料作物生长的土壤，确实是需要避免施肥过量的。香草在标准模式下种植，用砖沿着圆形的苗床边缘砌成人行道，然后把一棵坛养的月桂树或是迷迭香样本放置在中央。塔莎的香草园，就是整个庄园里最整洁的一隅。无论主人是否外出，这里每天都要修剪，剪掉冬香薄荷、龙蒿叶、牛至、小茴香、紫花罗勒、韭菜，或是其他某种她想要点缀到当日菜谱上活跃气氛的。新鲜采摘的大多数她都可以用到，但也会剩余一些储存着将来使用。

百里香，是塔莎提着采摘篮走向香草园时最经常入手的猎物。“我总是没有足够的百里香。”她低声说，又瞥了我一眼，以确认我是否听懂了她的双关语。“我真是肆意地把它们剪下来晒干哎。”她带着忏悔的语气。但是迟早，所有的百里香都被剪进了屋里，而剩余的枝茎分叉生长，变得更加浓密茂盛。

凭着与生俱来的对于实践的热爱，塔莎能将手边的每一种香草物尽其用。她把鼠尾草放到硬乳酪以及火鸡填充馅料里，罗勒则放入她非常引以为傲的烘烤的豆类食谱里；还有大量的欧芹被收割、剁碎，然后冰冻起来备用。可以加入汤和焖菜里的月桂树叶子，则放在碗柜上的一只大碗里。但是大多数的香料作物，都是被剪下、扎成小捆并系好，然后悬挂风干的。最终，它们挂在厨房里头顶上的位置，但是风干的过程其实是在阁楼椽子上或温室里完成的。

在那些寒冷的月份里，温室虽只能提供一些花卉小品，
但是它也有实际的意义，并且能培育塔莎每天都需要的香料作物。
在夏天，溢满香草的草莓坛子就放在离厨房不远的阳台上。

根部入味的香草，比如牛蒡和胡萝卜，当然是另外一回事。它们是在蔬菜烘干机中备好的。塔莎有一种新的烘干论调，但是很少应用到实践中。更常见的，是那种放置在壁炉旁边的，个头巨大的长方形古董烘干机在工作着。烘干机的工作是一天当中最有魔力的工作时段，“它完成得很棒呢。”

塔莎收获的一部分香料作物，会添加到她的食谱中，其他的则会制成花草茶。塔莎自己其实并不会在正餐中喝花草茶。取而代之，她研发出“上佳红茶”，具有适宜的醒神

如果有客人想要喝一杯花草茶，
塔莎会取来甘菊、荷兰薄荷、玫瑰花瓣、
蔷薇果、蓝锦葵的混合物，只要一点点，
就能像香囊一样美丽芬芳。

功能；还有那种爱尔兰式的早餐，是她的最爱。但是，偶尔身体不适时，她也不喝花草茶。

当塔莎自制软膏或是乳霜时，香草干货也会发挥作用。据我所知，她几乎从不买化妆品。曾有一次，她沉迷于一种用很特别的漂亮瓶子装着的英国紫罗兰香水。总的来说，她更青睐于使用自制的乳霜和软膏，其中一小部分储藏在玻璃罐子和药瓶子里，你走进洗手间就可

二月的阳光照亮了装满草药与香气的瓶子。
为了舒缓皲裂的双手，塔莎用芦荟、
羊毛脂和花园里的金盏花自制了一种乳液。

以看到并且方便地使用。

无论按何种人的标准，塔莎的洗手间都太舒服了。装饰惊人华丽的斯塔福德郡马桶，带着一根看起来很有质感的冲水拉链，其中一个角落里还贴有注意事项，以警告那些经验不足的使用者们，如果拉链用力过猛所产生的后果。旁边还矗立着一只笼子，里面是叽叽喳喳的斑纹雀。还有一只硕大的铜盆浴缸，大到足够一家人泡澡（这个浴缸的前任主人，是用它来作奶牛饮水槽的），占据了一面墙的一大部分。还有一个化妆台，塔莎的梳子、发夹整齐地放在台面上，一目了然；还有一把椅子，不用的时候，上面就挂着她的浴袍和睡衣；还有一款法国瓷器，藏在抛光的黑色胡桃木小橱柜里，镜子前面还摆着肥皂、乳霜、润肤油和花露水。

每一个认识塔莎的人都会说，她绝不是一个白忙活的人。当然，她总是穿戴整洁，并在脖子和发辫上搭着精心配色的围巾。但是，她真的只花费极少的时间顾及形象。她的绝大多数乳霜和润肤油都只是为了舒服，而不是炫耀。然而，我知道她曾经痴迷过一种可以祛斑的血根草药膏，那黑色胡桃木的脸盆架上还放了一大瓶金盏花精油，是一位朋友用塔莎自种的金盏花制作的，可以用来舒缓粗糙的皮肤。除此之外，还有一小玻璃罐的玫瑰护手霜总是相邻摆放。

塔莎澄清说，她的护手霜配方并不是自己独创的，而是从她的闺蜜罗斯玛丽·格来德斯塔那里学来的，她是个香草商。罗斯玛丽二十年前总结出基本的配方，并不断优化。保湿因子的构成是四分之三杯杏仁或杏仁油、三分之一杯椰子油或可可油、一茶匙羊毛脂，还有半盎司的碾碎蜂蜡。这些原料放在一起，用低热量熔化（塔莎一般就拿着它在壁炉旁坐几分钟），然后冷却到室温，并掺入三分之二杯玫瑰花水、三分之一杯芦荟凝胶、一滴或两滴玫瑰精油、一颗维生素 E 胶囊。两种混合物一起搅拌，直到达到奶油霜似的浓度。

罗斯玛丽同样非常乐意分享紫草膏的配方，塔莎把这种药膏抹在山羊的乳头上，因为一天两次的挤奶使得羊乳头粗糙又皲裂。山羊并不是享用紫草膏的惟一动物，当柯基犬生“热斑”的时候也会用，就是那种皮肤上又硬又干的小斑点，越啃越加重。一整个夏天，塔莎采摘花园里的紫草叶子，并将其捆成大捆，悬挂在提线木偶剧场里风干。当需要制作药膏时，她就碾碎一部分叶子，加少量的水，再用双层蒸锅的上层蒸四十分钟。随后，液体变稠了，混入橄榄油和熔化的蜂蜡，再倒入容器，放入冰箱一整天左右。如果药膏解冻后汁水过多，塔莎会加入更多的蜂蜡，如果药膏过硬，那就加入更多的橄榄油。“因此我的狗从来都不生跳蚤，”她经常这样自豪地说，“我在花园里种上大蒜，把它们放进压蒜器，然后再塞进食物里。狗狗们从很小的时候就开始喂大蒜，并养成了爱吃大蒜的胃口，我相信这也是它们不生跳蚤的理由之一。”

当然，塔莎的花园不仅仅生产花卉和香草，她还有一块菜地，挤在麝香豌豆花和芍药之间，塔莎把这里叫作她的本土超市。一年一度的丰收总是很盛大，以至于她几乎不必特意来照顾这些“大洋

在用打麻刀用力打磨之后，
又长又贫瘠的部分被碾碎，亚麻纤维会变得柔顺。
实施碾碎这一功能的，
是叫作剥麻机的这一机器上凶悍的一部分。

葱”。另外，至少有一点，新英格兰地区的深层土壤，对种植供织布的亚麻来说足够肥沃。

塔莎说，她曾经从种子开始亲自制作过一件衬衫，我想这八九不离十。有一年，她决定种植亚麻，然后历经采摘、纺线、染色、编织，最后给她的哥哥缝制成一件方格图案的衬衫。从种子到衬衫，这一过程耗费了三年时间，并需要大量罕见的工具以及足够的调

当亚麻变得柔软一些时，丝状的纤维最终被释放，但还是必须要用有很多梳齿的麻梳来对它们进行一系列梳理。当麻梳不用的时候，它的尖端分叉部分会被妥善保管在木头盒子里。

研，不仅如此，这其中还要用到各种令人惊愕的晦涩词汇。如果你无意中听到塔莎与她那喜欢做编织的朋友凯特·史密斯一起讨论亚麻的时候，在你融入语境之前，听上去真的就像她们在讲一门外语。

首先，种植亚麻的田地要频繁地翻土，这样挤在周围同伴当中的主茎才能够长得又高又直。“哦，但是这个观点很有趣，高大的主茎在风吹和蓝色花朵的压迫下，其实更容易卷曲和摆动。”塔莎重申。当作物达到三英尺高时，就要从根部开始全部收割了。主茎被扎捆、风干并用木梳反复梳打以去掉种子的心皮。然后会有人提起裙角，跋涉进池塘，把成捆的亚麻浸入水中，再把它们用石头压着。即使是亚麻被浸泡过五天后，纤维组织也不容易柔顺。每个主茎中丝缎般光滑的部分必须从外皮中剥离出来。这一过程要用到剥麻机，这是一种迷人的原始机器，工作起来就像一个硕大的木头“下

“纺亚麻线是一件事，而得到上好的双股线则完全是另外一件事，”
塔莎经常这样讲。“脱掉你的鞋子呗，”
她建议道，“然后你就会很快操控纺车的节奏了。”

巴”，不停地捶打直至外皮剥离。接下来，要用到一种叫作打麻刀的工具，狠狠地把纤维打散。最后，经历了若干猛烈过程之后，纤维终于变得自由，但是你必须用一种看起来有些肮脏的尖头机器，学名麻梳，来猛甩它们，以梳理得笔直且干净。

塔莎的手纺车是继承来的，纺车放在客厅里，无论她是否空闲，卷线杆上总是挂着一小团麻等待着旋转。但是剥麻、打麻、梳麻的过程就能耗上一天，并且需要另外一个肩膀结实的人提供辅助，因此，每当这时，凯特就被召唤来。一定意义上说，纺纱反而是件轻松的差事，可以一边随意地快一点儿或慢一点儿，一边等着水壶烧开。“纺纱非常轻松哦，”塔莎总是这么说，“而且很令人满足。”

我发现，纺纱也并不像它看起来那么容易。“穿卷线杆完全是一门艺术啊。”当我问起这项准备工作时，塔莎肯定地跟我说。我必须认同她的话语，因为每当我刚凑过来时，卷线杆还是良好地工作着，但当我离开时，只剩下有待掌握的纺纱技术摆在现实面前了。你需要坐到一把椅子上，用一只脚踩踏板，一只手从卷线杆上拽着纤维，而另一只手拽着旋转线轴上的线以防止缠绕，以这一整套动作来操纵手纺车。每过一段时间，你就需要把手指头浸入一只盛着水的空葫芦里，以把线绳沾湿。“按原始的方法，纺纱的人是用自己的唾沫润湿亚麻线的，当然我猜你可能会选择水。”当我开始在纺车上试手时，塔莎在厨房里冲我说。

所谓尽力，就是灵巧性和韵律性的量变积累。当塔莎掌控纺车的时候，她手中的纤维有条不紊地纺成一条完美的双股线。而我纺出来的，则到处都是过厚和过稀的节点，每当我完成一段，塔莎总是小心地再拆开，生怕别人误以为那是她做出了如此低劣的作品。她反复讲解其中的奥秘，并且用慢动作演示过程。“这回很不错呢，”她安慰我说。“你的耐心在于园艺，而不是把植物变成纺织品。”也许她是对的。

～

第三章

大大小小的动物们

乳制品 · 制皂与制蜡 · 羊毛制品

～

塔莎身上的每一项特质，都是爱动物的证据。实际上，我猜想柯基小屋可以被认为是一座农庄，虽然它比我见过的任何农庄都五彩缤纷得多。当你驾车走近时，迎接你的是山羊的咩咩声和母鸡的咯咯声，以及其他各式各样家禽发出的声音。

这个地方看起来像一座农庄，听上去像一座农庄，也像农庄一样运营着。在塔莎家的小山顶，每一种你碰见的动物都有其存在的理由。甚至是养在住所里的动物，看起来并不做什么明显有用的事情，但塔莎也会为它们想出一些存在理由，比如，为客人们提供营养。

举例来说，一些亲戚可能不会马上想明白母鸡对手工也是有帮助的。但是塔莎很容易就能指正持这些怀疑观点的人是错的。她不可救药地喜欢鸟禽类，鸡看起来也在这个范畴里。我怀疑，她能想出任何理由让几只鸡在农庄里闲逛，而且那些母鸡的数量总是比实际需要量要多，比如用来做蛋羹和装饰物的鸡蛋，以及装点玩具所用的羽毛而已。

每一年，无论她是否需要更多的家禽，她都要特地跑到孵化场，专门调研稀有品种的鸡雏，并采购邮寄回家。刚刚孵出的矮脚鸡雏会得到格外的照顾；它们刚来的时候几乎比大黄蜂还要小，因此必须得到足够的保护，以防环境及其他危害因素的侵袭。首先，也是最重要的，它们的围栏要始终保持遮盖，因为柯基犬有时候并不能抵抗诱惑。当外面阳光明媚并且温度足够高时，全部鸡雏们会被推到室外，每当一有雷雨或暴风的迹象时，它们就会马上聚集在塔莎的围裙里，一窝蜂地挤进屋里。如果鸡雏们被淋湿了，塔莎会用毛巾小心地把它们的绒毛擦干。每当夜晚和寒冷的天气里，鸡窝里会放置上装满热水的坛子，用以取暖。塔莎不喜欢加热灯，因为它们若不小心被推倒会引起火灾。

最终，禽类们都长大了，并且能够自给自足，有时候，它们还会和农庄里的狗狗们一起奔跑。但是，它们仍然需要在每天傍晚天黑前被锁进笼子，黎明

时分再解锁。这是塔莎自己给自己安排的麻烦事儿。

对于塔莎给予的强制保护，珍珠鸡总是愚蠢地给予拒绝，因此农庄丢失了很多只珍珠鸡，可能是被浣熊吃掉了，但温斯洛却肯定地认为狐狸才是罪魁祸首。无论谁是掠夺者，对于这些她珍爱的家禽，塔莎总是会打捞每一具遗体，并把残留的部分物尽其用。珍珠鸡的羽毛往往制成长角的猫头鹰玩具的羽衣，或用来装饰她在冬天消磨时间做的其他玩具。

除了外来品种，塔莎还对外供给优良的旧罗德岛平原红鸡（截至最后一次统计，她一共有二十九只）。这一品种专门用来产蛋，这对她来说是件严肃的事情。“我今天早晨在母鸡窝里捡了九只蛋呢。”秋天里，她会用洋溢着成功的语气汇报说。稍晚些的季节里，她对于丰盛的喜悦就会减淡一些，而对于从她农庄中的大量输出，塔莎表现得很慷慨。“我的鸡蛋真的太令人自豪了，你难道不想要几打么？”她这样说着，语气里带着一丝迫切。每次联邦快递的快递员，或是其他想在泥泞季节里逞英雄的人冒险驶入塔莎家的时候，总会得到几盒鸡蛋作为奖赏。当天气变得干燥一些的时候，塔莎就把剩余的鸡蛋埋在玫瑰丛下。这并不像听上去的那么疯狂，

鸡蛋最终会降解成为富含磷的物质，为上方的灌木提供肥料。

塔莎精心制造的鸡笼，
蕴含着很多奇思妙想，比如入口处的尺寸，
其他家禽几乎都不能钻过去。作为塔莎玩具的一个配饰，
几内亚鸡的羽毛也就真的不容易在这里找到。

在蛋羹、蛋糕、蛋黄酱以及其他大部分食谱中，塔莎不受约束地使用着她的鸡蛋，至于胆固醇，她嗤之以鼻。春天里，她把蛋壳加以装饰，然后悬挂起来作为复活节彩蛋。当然，她的彩蛋可一点儿都不像那些郊区草坪里常见的劣质家伙。这件盛事的筹备工作，早在二月份就开始了。首先塔莎要穿上雪地鞋，去森林里找回白桦树苗。树苗拿回来，放到温暖的温室里，几个星期过后，将主枝插入装满水的巨大蓄水池中，新叶子恰好会在复活节时发芽。如塔莎所说，“可爱的嫩绿色新叶忽然欢快地跳到你面前，无论什么烦恼都烟消云散了！”与此同时，塔莎在她剩余鸡蛋的顶端和底端精妙地打上洞，把里面的蛋液倒出，然后用各种彩色的碎纸片拼接成剪纸装饰，再用胶水粘到蛋壳表面。最后完成时，用塔夫绸缎带系在彩蛋顶端，这样它们就可以在白桦树枝头优雅地飘荡了。“这并不像看起来那么简单，”每当有人心怀敬畏地打量这些彩蛋时，塔莎总如是说。“你知道，蛋壳是很脆弱的，一个小小的错误就可能前功尽弃。”

塔莎更青睐棕色的蛋，“新英格兰地区的人更喜欢棕色的蛋，而纽约州的人则喜欢白色的。”所以当她要绘制复活节彩蛋时，总是跟一个邻居交换。将带叶小枝装饰在彩蛋表面之后，她再使用自然的染料（通常是洋葱表皮）给蛋壳上色；当她移动带叶小枝时，枝叶的轮廓仍然会留在蛋壳表面。其他类型的蛋也会参与复活节的展示。她把鸭蛋的蛋液掏空（“它们有羽毛般的蛋壳”），把一侧剪成椭圆形，然后在蛋壳内侧设计一个场景图，比如可能是一只木头做成的小鸟，正在苔藓上筑巢。然后这样的彩蛋也会被穿上缎带，出现在万圣节彩蛋树上。彩蛋树放置在不同的家禽圈里，所以它们也被孔雀、鸽子、金丝雀、矮脚鸡、环颈斑鸠和小麻雀的蛋们装饰着。

关于养鸡，我和塔莎是两种人，但是说到养羊，我和塔莎可真是同一种人。我们都多年饲养很多只乳用山羊，因此我们经常通电话交流心得，比如雌羊秋天不按期发情怎么办，或者是春天幼仔成活困难又怎么办。然而我们之间最大的鸿沟，是我更喜欢萨尼恩牧群，而塔莎则支持努比亚牧群。

我有时怀疑，塔莎甚至鄙视我的萨尼恩牧群，因为它们后裔的性状是可预见的。每一年，我毫无悬念地得

到纯白色的幼仔。而她那边繁殖产生的结果更加多元化，但她总是在努力得到棕色的幼仔，看上去跟小鹿的斑点类似的颜色。无论从哪一点上，她的山羊都更讨人喜欢，有罗马式的鼻梁、特大号的软耳朵。但是它们和小鹿相似的斑点，会在捕猎的季节里制造麻烦。闯入塔莎家禁猎区的神枪手们，并不是以计取胜，塔莎确信她的牧群个头儿足够大，声音足够洪亮，带着亮粉色的缎带在秋天也足够醒目。那种更像小鹿的山羊会系上几个供区分的缎带，一个挂在脖子上，

在山羊们开始大量产出富含乳脂的奶水之前，它们必须先要被配种，这通常要在秋季进行。“我怀疑，我的小羊布基是个没用的家伙，”塔莎担忧着，“那些姑娘们真的一点儿都没为他的魅力倾倒。”

另一个裹在肚皮上。“那是腹带。”塔莎这样命名。

塔莎的山羊和大多数努比亚牧群相比，已经属于大型动物了，它们的产奶量也很高，而且富含乳脂。目前有七只羊，但是只有两三只随时都有奶可挤。像塔莎的所有动物一样，它们也都带着护身符。不同的季节里，塔莎喂它们甜菜叶或紫花苜蓿干草。她提前晒好紫草和枫树叶，以备它们在冬天也有美食。当榨出苹果汁时，她把成桶的苹果泥扔进栅栏里，并轻快地唤着：“姑娘们，快出来，享受吧！”

每天早七点和晚七点，山羊们挤奶两次。天气好的早晨，它们就聚集在户外长满树木的宽阔牧场上，黄昏时再忠诚地回到它们漂亮又舒适的谷仓。这期间，如果下起一丝细雨，它们会马上被领进屋里，因为对于山羊来说，比死亡更糟糕的厄运是受潮。

几乎不必说，大多数的时间羊奶水都很富余，剩余的则被制成乳酪。柯基犬显然是对农庄新鲜制作的加了大量大蒜和鼠尾草的乳酪上瘾了。为了制作乳酪，塔莎要准备一加仑的山羊奶，加热到 175 华氏度 ，然后冷却到 72 华氏度，放入凝乳，再静置过夜。第二天早晨醒来，她去找一块上好的乳冻甜食。然后，她通过干酪包布（一种粗棉布）抻拉凝乳，悬挂使之滴干，然后再加入乳脂、大蒜和香草。“狗不是不喜欢大蒜么？”我问。“哦不，它们喜欢得很呢。”她很确认地说。

硬乳酪的制作工艺更复杂一些。“有各式各样的乳酪，”当你问到如何制作硬乳酪时，塔莎会这么跟你讲解，“英式切德干酪是最难做的。”总共需要两加仑奶，将之不断注入一只法国蓝釉壶里（“铝盘是不好使的”），再加热到72华氏度。之后，塔莎加入微生物培养基，然后让乳酪开始培养。当足够坚固时，她用乳酪刀把凝乳打掉，乳酪刀就是不同的转头带着挥舞着叶片旋转的那种，随后她还会用双手温和地搅拌很长时间。

通常，凝乳搅拌成何种程度才算充分，即使乳酪制造的行家也只能凭借经验来判断。“如果你咬乳酪时，它吱吱叫，那就快要准备好了。”塔莎解释说。“把一块凝乳弹进嘴里，然后体会一下我的话。”凝乳达到吱吱叫的合适温度后，已经经过冷却、抻拉、盐渍、香草调味等步骤。然后，把它们放在一起，用一块布包起来，再塞进乳酪成型机，要一天左右，压上五十磅的重物。当所有的乳清都被拧干时，乳酪就可以拿出来了，然后每天旋转一个方向，持续两到三个星期，就可以形成坚

硬的外皮了。最终，乳酪被蜡封，并保存在塔莎的乳酪冷藏箱里。

在柯基小屋用餐，通常是从新鲜烘焙的饼干开始的，它们单独吃就非常可口，抹上新鲜的牛油就更加美味了。塔莎手边在用的，有三四个牛油搅拌器，但她现

山羊们顺从地每天两次被装上挤奶器，
然后挤出足够多的奶水，供塔莎制作冰淇淋、牛油和乳酪。
每一块自制乳酪都是她一下一下地按压出来的。

在更偏爱的是一只半加仑的搅拌器，因为它起泡的量相对小一些。她装上一半的乳脂，然后插入搅拌装置，上上下下地搅拌四十五分钟，直到核心都被搅成爆米花大小的颗粒。与此同时，她将搅拌物倒入过滤器，流出脱脂乳，然后把滤网上的牛油放在一只大木碗里，用一只木铲反复拍打，直到每一滴水分都挥发出来。接下来是最具艺术性的一步。如果没有用牛油模具造型，塔莎是不会端上桌的。她有好几个模具可以选，但她最喜欢那个天鹅式样的。

当极寒的天气不再侵袭佛蒙特州时，安迪赖斯就会到来，给玛杰丽的绵羊们剪羊毛。“这丝毫不会伤害到它们，但是绵羊有可能会被粗鲁的举动所困扰。”塔莎说。

在新罕布什尔州居住的时候，塔莎曾经养过绵羊，但她很快就决定放弃了。“我准备除掉绵羊了，因为它们总是躺在暖和的柏油路上开小差，”她解释说，“只要有一只绵羊尝试出格动作，其他就纷纷效仿。即便大众都很喜欢绵羊，我也决定放弃了。”她能从赛斯和他的妻子玛杰丽那儿拿到“充足的羊毛”，而不必去挠头解决这些低智商的动物。玛杰丽饲养罗姆尼绵羊，仅仅为了它们又长又卷的羊毛。“每年春天，安迪·赖斯都会过来给这些绵羊剪羊毛，他可是马尔伯勒地区著名的牧羊人。”塔莎说。“我们这么小的一群羊，对于他的天资来说，根本算不上挑战。一天之内，安迪能够轻轻松松地给一百只羊剪羊毛呢。”

安迪确实以剪羊毛为业，捎带着做一些和动物相关的其他零星工作，比如修蹄，因此他至少看上去相当专

新剪下来的羊毛，
在经过梳毛机梳过之前，一定带有污垢和羊毛脂。
它们要被前前后后地反复梳理，
直到梳成柔软的球状，这样才能被纺成毛线。

业。然而，他熟练的动作也很容易让我怀疑，这些鲁莽挣扎的动物们其实并不轻易放弃它们的毛。他轻按着羊的腰部，敏捷地使用着他的羊毛剪子，不到五分钟，绵羊们就成了体重减轻十磅的“裸体”。

玛杰丽用毛茸茸的罗姆尼绵羊剪下的羊毛，自己纺织暖和的毛毯。而对于塔莎而言，她更喜欢把羊毛攒起来织袜子。当然，羊毛首先必须先纺成毛线。清洗过后，再把不同羊毛做上标记，标记就是用笔在纤维背面轻轻地写好，然后用一对梳子似的扁板顺向缠绕，缠成一个个小绒球。塔莎安装好她的可移动纺车，就开始纺毛线了。

“你一天相当于步行好几公里呢，
你总是要向后踩着纺车。”塔莎一边解释，
一边演示着具体如何在纺车的这个漂亮结构上纺线。
她的计速卷轴缠绕着纺线，形成一个个简易的线团。

塔莎有四台纺线的纺车，包括一台可移动纺车，她估计这台机器是1830年左右制造的。“现代的纺车会让眼睛不舒服。”她说。当可移动纺车安装好后，她开始运转那个巨大的纺轮，并随之前前后后地踱步，使羊毛被纺成长的合股纱，然后她再反转纺锤，上紧发条。“当纺线的时候，你一天相当于步行二十多公里呢。”她一边前前后后动着毛线，一边挖苦地说。她总有一种不可思议的心理平衡。

塔莎手上总是拿着一件玩意儿，几乎能在所有工作中发挥作用。当需要牧羊人登场时，安迪就会被叫来；当准备纺毛线的时候，凯特也会过来；而当要储备肥皂和蜡烛的时候，阿米莉亚·斯托弗也经常从俄亥俄州长途赶过来。塔莎生命里的每一件事都是提前计划好的。尤其是肥皂制作的准备过程，要在实际发生前很久就开始筹备了。“这些东西都不是一夜就能完成的。”塔莎对每个想要即兴参与制皂的人都这样确定地说。“首先，猪油必须要融化，这就要花上长长的一周了。”

塔莎从阿米莉亚那里拿猪油，因为她总有剩余的。

如果被问及，她会耐心地解释道，是因为她的猪饲养季结束了。“猪这种动物真是太狡猾了。我的曾祖父曾有一只驯养的猪，可以在它身后安上小车，骑着去逛街呢。那真是一道风景啊。我的孩子们也曾经驯养过一只汉普郡品种的猪。我们给它取名为马丁，它喜欢围着房子跑。当马丁是个小猪的时候，一切进展都很好，但是当它长大时，就开始大肆破坏家具了。”

幸运的是，当阿米莉亚到来时，她的丈夫尼克也来了，他可是一个室外生火专家。肥皂必须在室外制作，因为那难闻的烟雾具有腐蚀性。塔莎和阿米莉亚一起完善配方，把塔莎从她的苏格兰保姆达迪那里学来的配方，以及阿米莉亚从她的安曼教派教友那里学来的配方相结合。但是她们都坚信一个问题：碱液是个烦人的东西，它必须要用木头汤匙和花岗岩煮皂锅，把一罐碱液放入四杯沸水中溶解。这就意味着，混合物只能靠有人来缓慢搅拌才能降温。“要非常小心呢。”塔莎提醒说。

与此同时，制肥皂的人还需要把一杯清水倒入三分之一杯砂糖和等量的硼砂。首先融化五磅的猪油，小心地倒入微温的碱液，然后再加入硼砂混合物、一大汤匙氨水、一大汤勺安息香酊，还有两大汤匙的甘油。皂

液要搅拌至少十五分钟，而且搅拌时要沿着同一方向。（“可以分两次进行。”阿米莉亚飞快地说。）目的就是让这“豌豆浓汤”浓度一致地酿造，颜色比起初的柯基棕色稍浅一些。“盛一勺抬起来，然后往煮皂锅里滴入，我来告诉你什么样是可以了。”阿米莉亚说，“当小滴皂

随着时间推移，塔莎的肥皂会变得越发成熟，
并最终成为强效的园丁皂。但是，
大多数肥皂条还是会被削成刨花，飞进洗衣盆。

液在表面起舞，就像雨滴在池塘上起舞一样，这时就完成了。”

只要皂液一达到合适的浓度，就必须马上倒入一只低檐的、内表面衬有蜡纸的盒子，然后冷却筛选；还要注意一定别让贪吃的柯基犬碰到，这会令它们腹痛不止。当肥皂还足

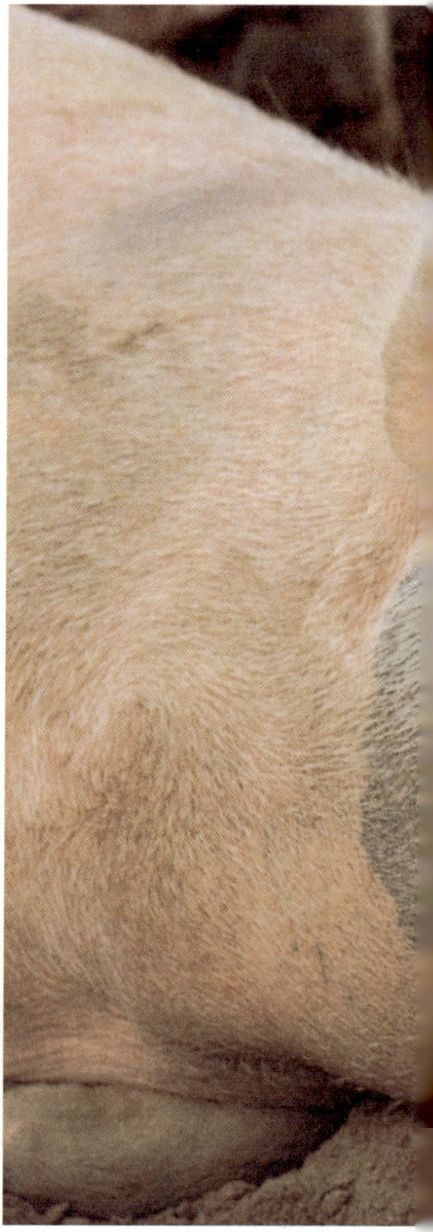

阿米莉亚在她俄亥俄州的农场里养猪，并且供给塔莎足够多制皂用的猪油。因为习惯了把容器舔干净，柯基犬可要在这一过程中拴好了，然后再让两个女人端起装满碱液和猪油的煮皂锅。“这是个讨厌的家伙。”阿米莉亚带着肯定的口吻。

够柔软可控的时候，用刀将之切成条状，然后在使用之前，还要放着干燥几个月。

塔莎的肥皂实际上是洗衣皂，而不是沐浴皂，虽然它确实能够让园丁们那不可避免弄脏的双手，比如被土壤染绿的手指保持干净。“哦，它当然能洗净这些脏兮兮的手。”阿米莉亚经常这样说。但是塔莎更喜欢让皮肤接触一些温和的东西。取而代之，当她洗围裙和印花布袍子的时候，她会把肥皂削成刨花使用。

塔莎的所有手工创作并不都跟农庄动物有关。比如说制作蜡烛，就是用蜂蜡完成的。塔莎从童年时就开始对蜜蜂感兴趣，那时她妈妈养蜂。“妈妈有一位男性朋友，总是喷着令人讨厌的香水。”她回忆说。“无论他站在花园的哪个位置，蜜蜂都会找到并叮咬他。当然了，我偷偷地乐呢。”

但是，塔莎自己用于养蜂的灌木丛是很矮小的。当佛蒙特州进入漫长艰巨的冬季时，她没有足够的蜂蜜养料提供给工蜂活命。蜂箱过饱和的重量，使得体重不到一百磅的养蜂人远远提不起来。“我生活在持续的恐惧中，总觉得自己要把蜂箱摔到地上，并且激怒蜜蜂了。”她解释说。因此，如今她只在密歇根州的一家养蜂场订购纯蜂蜡，并在当地的一家五金店采购蜡烛芯。她一如既往地提前计划好，并会在阿米莉亚过来帮着制作蜡烛的当天，把这些原材料准备齐全。

当即将开始制作蜡烛时，你就能闻到蜂蜡的味道，并且在刚进入塔莎的牧场，离着房子还很远的时候就看到明火。正值秋季，这个步骤通常是为了取暖。尼克已经在之前几个小时都在添柴生火。还会有一个人被派去砍柳树苗，剩下的每个人都忙着在厨房里挥舞剪刀，把蜡烛芯剪成十六英寸长，并用又漂亮又结实的直角结系在柳树苗上。

当塔莎开始制蜡烛或者做其他事情时，她总是做得大张旗鼓。她的目标通常是一天制作五百只蜡烛，而准备工作就耗费了大半个上午。当我们工作时，计划都下达到车间里，谷仓变得异常热闹，庄园的账本以及家畜们都可公共使用。每过一会儿，塔莎就惊叹地喊一句，“这不是个精彩的故事么？”接下来，她又用另一个她喜欢的故事让其他人沉浸其中了。

当做好不少于五百个蜡烛芯时，将它们分别系在四

英寸的树苗上，然后拿到屋外，放入装满水并融化好蜂蜡的煮皂锅里。它们一根一根地被浸成棍状，然后挂在锯木架上使蜡烛冷却并坚硬一些。在第一次少量浸泡的过程中，塔莎用手指撑着蜡烛芯，使每个都保持笔直，这时候之前系的硬结就发挥作用了。就这样，蜡烛逐一地反复制作完成，蜡液表面漂浮的杂质也在煮皂锅的滤网上不断地析出。蜡烛慢慢增粗，直到直径大过一英寸。接下来，它们被风干，然后储藏一个月左右，直至使用。

“为什么它们必须干燥呢？”我看着蜡烛慢慢点燃，真的有点儿不耐烦，于是提问。“因为这样会更利

“最适宜的制皂时间，是秋季，当天气变凉时，
就能够徘徊在那张三脚桌前，没有一点时间分心。”
塔莎一边站着浸蜡，一边说。“小心你的裙子哟，
我们可不希望有谁被烧着了。”

于燃烧。”塔莎回应道。事实证明果真如此。临近岁尾，在漫漫长夜点起这些蜡烛时，它们确实散发出了色泽更好的火焰。同时我也注意到，在隆冬时节，当你上床前熄灭灯芯时，蜂蜡会释放出浓郁的香气。

用蜂蜡制作的蜡烛，会释放出最馥郁的香气，
尤其是在蜡烛芯刚刚熄灭的时候。对于蜡烛的正确燃熄方法，
所有种类的工具都是不可或缺的，包括灯芯剪和熄蜡器。
塔莎会使用她最信赖的口袋小折叠刀来修整蜡烛，
以使它和托座更加匹配。

～

第四章

怀旧的味道

罐头制作 · 炉灶烹饪 · 酿造苹果汁

～

厨房，是塔莎家的核心。如果下令在整座房子的正中央设立一处战略位置，那么它一定就是你踏进的第一间屋子。大多数人都不会深入地往里走，尤其是在冬天，因为如果继续转下去，烧木柴的炉灶就不在身旁了。每个人都聚集在厨房里，塔莎把混合原材料混匀，当一群柯基犬和猫咪在身边徘徊着想讨些残羹剩饭时，她开始搅拌肉汤。佩格勒船长在墙角侃侃而谈，演练着它上一个小时刚学会的某个成语，小麻雀也在展示着它们全部的鸣叫和颤音。是的，这里有足够多的好伙伴。

从任何人的定义来看，厨房都是柯基小屋最有趣的地方，这里配备了全部所需的机器，它们足够呈现塔莎凭空想象出的任何烹饪技艺。当然，我们探讨的不是食品加工机、面包机、微波炉之类的。关于所有这些电动小机器，塔莎常常没什么可讲的。取而代之，她全部的收藏都是手边的这些老式厨房用具：敲打器、粉筛、搅乳器、搅拌特殊食物的调羹、长柄勺、模具，还有罐头盒、坛子，以及存放谷物、坚果、种子、薄脆饼干的各种罐子。还有头顶上悬挂着的、有益香草制成的健康调味品，比如扎成捆的小茴香、百里香。还有挂在房梁上的篮子里，盛满了大蒜、青葱，以及其他经常用到的葱家族植物。搅拌碗、漏勺，还有不同型号的筛子，放在厨柜的最顶上，当它们正在使用时，这个位置就成了塔莎的独眼猫米诺专属之地，可以舒服地打个盹。实际上，让塔莎惊恐的是，猫咪米诺不仅占据了橱柜这一领地，甚至还栖息在正在发酵的面团上。为了阻止病菌，厨师已经知晓要采取预防措施，并在面团顶上放置了足够尖锐的警示物。

如果你让塔莎透露一下这顿午餐要奉上的秘密美食，她总是引用她的家庭食谱。这本巨著真是一本令人陶醉的书，它把家庭百科知识各个门类的参考书整合纳入这一册。这本书是手写的，用绳子装订的，便捷地平铺在桌子上或厨房工作台上。很多页都撒上了面粉，还有液体的飞溅和泄漏，使纸张显得褶皱卷曲，而指纹则让受欢迎的章节显得更加瞩目。这本书实际上是一部选集，集合了塔莎的妈妈这一支家族传承下来的烹饪智慧，并有达迪和其他塔莎职业生涯中邂逅的不可思议的厨师们做频繁的补充。纸张都是折叠伸拉的，塔莎每隔一段时间就要做更新。截止现在，她最喜欢的那些菜

式，都按照编年史的方法收录在了某一页。

虽然每当塔莎烹饪时，家族食谱总是拿在身边，但她几乎从不照本宣科。她很清楚，自己最喜欢的食谱早

厨房是一个温馨的地方，
琳达·艾伦把这里绘上了斯堪的纳维亚式的花边，
而炉灶是整个厨房的中心。正午时分，
塔莎总是流连在厨房里，用双脚撑着地，手里还拿着一本书。

已谙熟于心，她也从不真的去用一茶匙或一大汤匙的刻板规矩来称量食物。取而代之，她用品尝的方法。我猜测，这是一种天分。当她开始烹饪的时候，混合食材、剁碎蔬菜，一切的速度都如此之快，以至于她根本挤不出一点时间来思索那宝贵的书。但是我猜想，若这本书真的弄丢了，她还是会吓得够呛。

无论何时，只要塔莎召集起一群朋友来榨苹果汁或穿织布机，她就会在中午之前消失一阵，直到要宣布吃午饭时才回来。她会解释说，这段时间她去给柯基犬喂了农庄乳酪。而实际上，我们都知道，她是在为午餐焦灼忙碌。当然，主菜早已炖了几个小时，但通常还要有几个小配菜，这些都要忙碌准备直到最后一刻。

家庭食谱涵盖记载了很多种美食。
“目前，我特别热衷于那些用鸡蛋来烹饪的食谱哦。”
塔莎一边在厨房里忙着制作一批曲奇饼，一边冲我说着。

塔莎很满意自己的烹饪技法，但是由于一些原因，她总是在准备开始的时候趋于逃避。如果你愚蠢地问她是怎么学到的烹饪，她的嘴角会泛起淘气的笑容，然后这样回应说：“这一切都是从玩泥团开始的。”谣言的结束就是机会的开始，有一次她不小心透露，她的绝大多数烹饪能力，是从给她哥哥做饭打下手磨练出来的。她的哥哥不仅有旺盛的食欲，更有挑剔的味蕾。显然，是她的家庭熏陶了她。塔莎真的是一位卓有声望的厨师，就像她拥有的那些声名远扬的工艺品一样，烹饪也是她最自豪的事情之一。当然，对于厨师最高的敬意，就是再加一份。当我试着给予她一份直接的敬意时，她却倾向于将绝大部分的荣誉都归功于那些绝对新鲜的原材料：鸡蛋是早晨刚下的，山羊奶是几个小时前刚挤的，蔬菜是锅里的水烧开时才去摘的，香草是从园子回屋子的路上才采集的。对于塔莎来说，花园的首要功能，是用值得赞美的食物填满她的餐桌。

花园每年只有几个月的时间完全地投入使用，其他剩余的时节，塔莎就利用它来种胡萝卜和甜菜，把它们埋在装满沙土的盒子里，再放入储藏根用蔬菜的地窖里。她吃食品储存室里的洋葱和马铃薯，也吃藏在拐角楼上的南瓜和西葫芦。“西葫芦家族的蔬菜必须储存在温暖的场所，因此它们就放在我们居住的地方。”当陪同客人走进房间时，她带着辩解的口吻说。她也花费很多很多的时间来制作罐头和冷冻食品，并把夏天多余的水果制成干果，以便在水果供应不足的季节里食用。

番茄和梨子是她最经常选来做罐头的水果。每一年，塔莎提供五十罐的番茄酱，将番茄剥皮、捣碎，加入大蒜、糖、盐、罗勒、百里香及其他香草。（“天啊，我每做一批，都会呈现不同的变化。”）她自己花园的番茄产量基本上够用了，但是朋友们来访时，总是又背来成箱的自家成熟的番茄藤。

在塔莎能够制作梨子蜜饯之前，制作果汁的梨子必须成熟到足够的软度。因为可供梨子在树上变软的时令并不长，塔莎就采摘下未熟透的果实，再把它们放在楼上的箱子里，因此当借宿的客人需要走到床边时，他们必须在迷宫般的水果箱间寻得道路。当梨子从坚如岩石状渐渐变得有一些软，并且散发出令人垂涎的香气时，她开始拿出一批来剥皮，并放进小汽锅里，制作一种盐糖混合的糖浆，把它们浇在小汽锅里煮沸的水果上，然后炖上二十分钟。接下来，她轻轻地让混合物冷却，并

把梨子和糖浆都装入罐子里密封。

像很多的新英格兰地区人民一样，塔莎嗜好浆果，而且简直不想浪费掉一颗。显然，柯基犬也培养了相似的口味，只要它们够得着的浆果，都会一扫而光。幸运的是，还有足够的剩余浆果，可以用来制作覆盆子馅饼派和草莓果酱。还有足够的蓝莓，它们逃脱了

贪婪小动物们的掠夺，可以用来冰冻保鲜或者晒干后制作塔莎著名的松饼。尽管总是资源丰富，也永远不愿意浪费任何一件食物。塔莎把苹果烘干，把豌豆、豆子、玉米、西兰花和利马豆荚都冰冻。她同样利用安

当制作罐头的季节到来时，
朋友们都乐此不疲地给塔莎带来西红柿。
这么多西红柿，一个都不会浪费。
整个厨房里都充满了那掺入大量香草的西红柿酱的美味香气。

装在壁炉上的又大又古老的神奇装置来烘干玉米。壁炉看上去总是在工作着，无论屋外有多炎热。

塔莎坚信，用壁炉加工过的每一样食物都会更美味。“实际上，即使都按照同一个食谱严谨地准备，但取决于不同的烹饪地点，往往会得出截然不同的口味呢，”她说，“这就像同一个家庭里的小孩子们，他们都是同样的父母抚养大的，但是他们有不同的人生。不是么？”因此，她经常使用木柴炉灶，她科学地掌握

凯特·史密斯不仅是个娴熟的编织工，同样是娴熟的厨师，她会从炉灶里耙出几块燃烧着的煤块，然后把带着三脚火炉架的荷兰式烤箱放在煤块上方，里面再放入一个馅饼派，然后盖上盖子。一个小时左右，馅饼派就可以吃了。

了这个炉灶的性格。

“它们都是古灵精怪的，”她谨慎地说，“你必须知晓这些，并且尊重炉灶的受热区和降温区。这不像看起来那么简单。”说实话，这丝毫不像看起来那么简单，除了塔莎，没有谁能够试图触摸那些难操作的铸铁。

然而，如果你足够幸运并且足够有勇气在冬季的鬼天气里开车前往，你就能够看到炉灶里噼啪作响的柴火，柴火上放着一大锅的汤，上面悬浮着一根链条。在我的印象里，这个汤比壁炉还要深刻。因为那时，经历了一段悲惨的冬季驾程之后，食欲才是最强烈的。

在做砖石建筑时，壁炉里也被加了一块砖，塔莎就可以偶尔在炉膛里烤面包或豆

反射式加热炉带有一个小门，
这样就可以让厨师在缓慢烘焙的过程中，
随时追踪禽类的烤制过程了。在香气吸引柯基犬之前，
要先用粥碗盛上一碗动物油。

子。首先她用从树林里拣来的嫩枝生起火，在收拾灰烬之前，让余火燃尽。然后，无论烤什么，在放入炉膛之前她都要等着砖块慢慢地凉下来。“我在里面撒了面粉。如果它烤焦了，那就说明砖块确实太热了。”一般来说，塔莎会把待烤制的食物快乐地逐一列成清单，因为烤炉在接下来两天内仍然会有足够密集烘烤的温度。

塔莎的面包是传奇的。当她只有十六岁的时候，她就因其面包在丹伯里大会上赢得了人生中的第一个蓝带（最高荣誉）。“我太自豪了，竟然在比赛中战胜了所有的比我年长的女选手。”她至今仍然为此骄傲。我曾经有一两次机会见证这点点滴滴的过程：和面、揉面、制面团。这些面团只用来烤面包，别无他用。这整个的流程都在她的大理石台面的柜台上，用闪电般的动作完成，台面的高低错落处，总是落满面粉，还有她在做其他活儿之前大力擦洗的痕迹。

有一年，塔莎曾经尝试自己种植了一块小麦田，就因为她想要体验制作面包的全部过程，从播种到烘焙。她播下了一种特别的软质小麦的种子，种子商曾保证它能够在塔莎家这样的天气里茁壮成长，于是她春天播下种子，然后自己打谷，并用真空吸尘器扬场。她坚信，接下来制成的面包尝起来会无与伦比得棒，我也从不怀疑她的自信，因为塔莎的面包总是那么美味。如果你这样对她说，她会反复地告诉你，只因为每次她烘烤面包时，都是现场磨碎新鲜的小麦种子。但是我也总是怀疑，这美味应该归功于香草的锦上添花。

厨房及其附近的炉灶，并不是塔莎准备食物的惟一地点。如果食物将要被泼溅、剧烈搅拌，或者有其他浇洒的动作时，她会更青睐于把这样的步骤放在不那么繁忙的地方完成。尤其是苹果汁，它就是在离谷仓不远的阳台上完成的。

榨苹果汁，是每年秋天热切期盼的盛事。在这一盛事举行前很多天，为之服务的相关机械就要从仓库里拿出来了。它们或藏在塔莎房子的凹槽里，或藏在建筑的零星角落里，它们像是充满奇妙装置的军火库，取决于各自的不同功能，只在特定的时期被召唤出来，行使自己的独特使命。苹果压汁机就是这样的一个小装置。

苹果压汁机由若干熟铁齿轮、一个漏斗和一个开盖的木桶组成，它被贮藏在谷仓里很多年了。当秋天来到的时候，扫净机器上的蜘蛛网，安装好各个部件，温斯洛还会被叫来操纵转动手柄。

在榨苹果汁的时候，
虽然有足够多的年轻朋友和亲戚乐意帮一把手，
塔莎还是坚持亲自转动曲柄。
“我相信自己的体力和我的孙子一样好。”
她一边拧紧机器，一边吐露着心声。

温斯洛不仅高大、谦和而威严，有一副洪亮的好嗓子，他还有着足够强健的手臂力量。在他的帮助下，大量的美洲花楸果、麦金托什红苹果以及可口的红苹果，都用手推车从邻居的果园里搬过来了，它们被磨成泥，然后放进压汁机直至果汁从木块下方流溢出来。这个过程一遍又一遍地重复着，朋友们会过来把扔掉的果皮搬回去堆肥堆。与此同时，几十个加仑的水壶盛满了苹果制成的琼浆玉液，它们会在未来的几周内奉献给幸运的朋友和访客们。而塔莎自己并不抢着喝。“当我还是个小孩子的时候，”她解释说，“满满一大桶苹果汁就放在地窖里，一整个冬天，苹果汁会伴随每一餐。”

在所有的节日中，圣诞节必定是塔莎的最爱。毕竟，那时候她的烹饪才华得以施展。终于，她有了正当的理由在“锡制厨房机器”里烤火鸡，那机器就安装在炉灶的正前方。这件机器，众所周知属于反射式加热炉，由一个弯曲的反光的表面、一个烤肉叉和一个转动曲柄。火鸡需要被填充、捆绑，并抹上香草黄油，然后串到烤肉叉上，放进烤炉，再旋转烤制大约五小时。自始至终，柯基犬和猫咪们始终都趴在旁边，整个房子里都弥漫着浓郁的香味。

虽然火鸡制作起来总是高调炫耀，但塔莎最爱的圣诞环节，并不是主菜，而是甜品。每一年，她都会尝试一些新东西，这让每个人都很欣喜。有太多的水果馅饼派和各种混合口味的蛋糕，多到吃不完。在每个人吃完正餐之后，还会有糖果。圣诞树上重重地挂满了装饰纸制成的丰饶角（象征丰饶的羊角，角内是满溢的鲜花、水果等），它们用绸带挂在大树枝上。每一个丰饶角里都塞满了自家制的糖果，满得快要溢出来，并且每一年，塔莎都会在圣诞到来之前好久就开始制定这些填充料的计划。她还会制作樱桃夹心糖、巧克力薄荷糖和太妃糖。她准备好软糖、果仁、焦糖以及各种类型和口味的曲奇饼。塔莎一定会事无巨细地亲历亲为。

你能想像的到，圣诞树是个鲜艳夺目的家伙。塔莎不仅制作丰饶角、糖果，还有装饰彩蛋用来点缀，她还会烘焙超大号的姜饼，用糖霜作装饰，在顶部附上绸带，再悬挂在圣诞树上。她从不主张真正吃掉这些特殊的曲奇饼干。（“为了使姜饼在整个节日里都完好地挂在树上，它们通常会制作得很硬。”）但是她为自己刻

划糖霜的技艺十分自豪。实际上，林肯·约翰逊的女儿们曾经见过这些装饰品，并很想带几个回到白宫放在自家圣诞树上。当然，塔莎欣然馈赠了。

对于艺术家来说，点缀姜饼的乐趣占据了整个制作过程的一半。塔莎会在纸漏斗里装上糖霜，然后把漏斗尖端剪开，这样就可以精确地利用这个尖部来洒糖霜了。

第五章

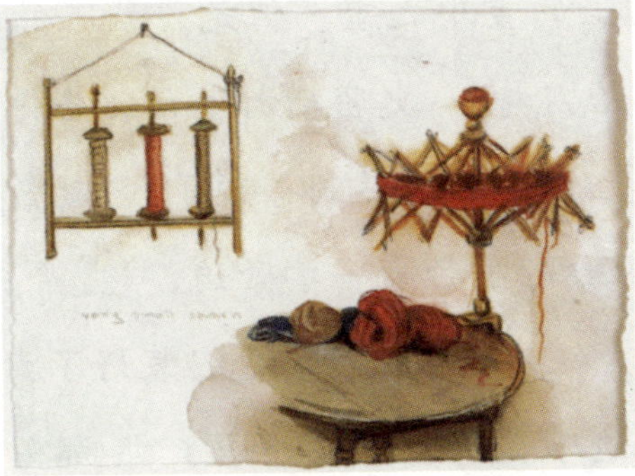

关于杂草和长歪的植株

染色工艺 · 编织工艺 · 亚麻织布

季节支配着塔莎的生活进程，每一项努力都要有一个指定的时间。比如说，秋天就是佛蒙特州人本能地把苹果榨汁机翻出来掸灰的季节，还要清洁菜窖，并把菜篮子从窖里拎上来。如果你九月份到访塔莎家，你就很可能看到塔莎正在马铃薯田里，细心地在土壤里筛查着马铃薯。或者你可能发现她正在食品储藏室里，将那些蔬菜在被严霜打蔫之前制成腌菜。在她看来，食物必定是秋天里的重中之重。但是，秋末的某个好天气里，她总会给凯特·史密斯打电话，告诉她，牧场里的秋麒麟草已经迅速蔓延到山顶了。“赶紧来割掉那些草吧，”她的嗓音里带着一些紧迫，“史蒂夫·大卫随时都能带着大镰刀过来。汤姆也安装好了染色用的三脚桌，我已经迫不及待的想要开始了。”那句话是凯特最想听到的，她总是为拥有最先采割染料植物的机会而感觉兴奋。因此她们约定在不久之后的某一天，凯特会匆匆赶到塔莎家。

凯特是一名享有盛誉的编织能手。一台强大的提花织布机占据了她在普莱恩菲尔德的谷仓的很大空间，她编织的毛毯有着难以置信的复杂花样。她对工序里的艺术性部分具有天生的兴趣，然而她也不是对从牧羊到纺纱、从耕种亚麻田到编织亚麻布的每一个步骤都谙熟于胸。当塔莎离家的时候，凯特就代替她常守在家里，每次回家，塔莎总能发现，大块的布匹正在被紧张编织着，就像她自己坐在织布机上一样。除此之外，凯特也有一两台自己的织布机搁置在塔莎的谷仓里，因为总有沉闷的时刻。

秋天的到来对于塔莎来说，算不上惊喜，因为有足够多的预兆。绵羊在几个月前就剃掉了羊毛；依照传统，剪羊毛是在酷暑到来之前的春天完成的。在这期间的几个星期里，剪下的羊毛经过梳毛机梳过，然后纺成线，再用塔莎的强效洗衣皂清洗，然后擦拭，直至自然的动物油脂泛出。随后，秋麒麟草的羽状部分开始着色，塔莎用媒染剂处理成绞的纱线团，使之准备接受染色，具体就是每磅羊毛用三盎司的明矾、一盎司的酒石煮沸一小时（酒石能使纤维软化）。如此操作之后，羊毛用潮湿的毛巾扎成捆，这样能搁置三天，盼着凯特的到来。凯特驾车启程的时候，不仅羊毛已准备好，秋麒麟草也新鲜收割了。

在塔莎的牧场里，这种野花是一种受欢迎的自生植物，当雏菊与羽扇豆都已凋谢的很长一段时间里，它点缀了最后的欢畅。它远远超过其他人家的小块秋麒麟草田，长得比塔莎的个头还要高出好几英寸，形成金丝雀色的漂亮羽状花朵。这种野花太多了，因此塔莎可以轻而易举地用镰刀割下一些，并仍然有足够的以供观赏。

为了做染色，最好在花朵即将绽放的时候将之采摘。塔莎也不是每次都如此的赶巧，但她会尽力。塔莎对如何最佳地上色也很感兴趣，她派史蒂夫去外面在正午收割，那时正好露水都已蒸发掉。史蒂夫总是争取机会尽量将完整的花梗都割下，但其实需要放进染料锅的只是花朵。制作染料的人力求达到柔和清澈的黄色，而叶子、梗和枝可能会让颜色变得浑浊。

当你走近塔莎的家，迎面而来的牧场也有好几种模样。
这里广泛种植着羽扇豆，并且整个仲夏都覆盖着牛眼雏菊。
到了秋天，秋麒麟草一直占据主导，
直到史蒂夫·大卫带着他的大镰刀过来。

当采到三大篮子的秋麒麟草花朵时，制作染料的人也蓄势待发了。当放入着色剂之前，羊毛必须彻底地漂洗，以去除媒染剂的残留。“如果真的有任何残留，

哪怕一点点的媒染剂，也必须在羊毛上色之前进行冲洗，
为此，塔莎会准备好两个大盆，以及她自制的洗衣皂。
然后，染工猛挽起袖子，开始大力搓洗。

就会干扰到颜色的色淀。”凯特警告说。由于这个原因，塔莎把羊毛浸泡在巨大的羊毛盆，一连泡上好几天。凯特是个一刻也不偷懒的人，当羊毛在漂洗的时候，她就在三脚桌下面生起一团噼啪作响的柴火，用黄铜水壶煮上秋麒麟草。然后，她把植物材料拢紧，再把羊毛放进水壶，这一步要求在染色的水里沸腾一小时。直到凯特和塔莎开始用棍子把线团从水里捞上来，它们才真正转变为漂亮的深黄色。

塔莎也总是用秋麒麟草帮助制造其他颜色。举例说，有时候她用秋麒麟草染一些羊毛，然后用靛蓝属植物把它们继续加深，这样会产生出一种欢腾的火星绿色。还有就是，她更经常使用靛蓝瓮产生出一种令人惊叹的皇家蓝色。许多年前，她得到了大量的这种颜色，她也很慷慨地使用。但也许源于某项原理，靛蓝色染料只在特定的溶液里溶解。在染色之前的几个星期里，塔莎会礼貌地询问每一个人，是否能帮忙攒一些尿液。“玛杰丽家的男孩子们总是很乐于为此作贡献，收集来的尿液放在谷仓里，步行的人可以顺路拿来。”她解释说，“按照我们的预计量，需要二十加仑，为了这个小配方，尿液还要被轻微发酵，但是这不难完成。一周之后，它就熟成了上好的泔水。”

当染色的时间到了，靛蓝染料就要被溶解在尿液里；当它表面形成引人注目的泡沫时，啤酒就要作为染料准备投入使用了。当呈现出绿色调时，羊毛可以浸泡几分钟。然后，线团被从水里捞上来，要小心翼翼地以防液体溅落，这一刻才是真正的戏剧发生的时刻。“它就像是一场魔术表演！”塔莎呼喊着。羊毛接触到空气的一刹那，色素发生氧化，线团突然就变成了一种甜美的深蓝色。接下来重复浸渍使颜色加深，线团可以被浸泡十几遍，每一次都是先在染缸里染十分钟，然后再暴露到空气里十分钟，直至达到塔莎想要的钴蓝色，这是佛蒙特州人最喜欢的颜色。因着这样的奇思妙想，塔莎制造出无数钴蓝色和白色相间的不同款式的毛毯。

当塔莎购买靛蓝染料的时候，她也会同时采购一些清单上常用的染料，比如十美金一磅的洋红色。她会为这一点远见卓识而特别自豪：“我觉得费用涨得太快了。嗯，现在是每磅一百美金，那若让我之后很长时间都不用以无法容忍的价格去采购，那我也很开心了。”洋红染料粉末，是从一种胭红色的热带昆虫体内提取的，这种昆虫如今已非常罕见，这也能解释为何它的价钱飙升。

它呈现一种清澈的红色，这正是塔莎偏爱的一类色调。实际上，洋红色最常被塔莎用来给“上好的硬衬裙”上色，因此她同时染了好几团线。她还经常使用锡作为媒

塔莎和凯特一边把三脚桌固定、把煮皂锅烧沸，
一边开始准备使用多种不同色调的染料。
洋红色染料让她的衬裙有更加固的红色，
于是她又往锅里扔了几团毛线。

染剂，使她绚丽的内衣保持亮色。“锡能产生一种难以置信的亮色，”她告诉我，“但是它有剧毒，我很担心我的宠物们。当然，我给染缸盖了个密实的盖子。”

当锅里的水煮开时，染色者就要开始准备由其他自然物质制成的染料了。“凯特种植染色用的大蒜芥，或者特别需要的黄木犀草每磅羊毛放半蒲式耳的黄木犀草，就能达到效果。”她提示说。还需要一个大桶，专门用来盛放塔莎菜园子里采集来的洋葱皮，它

毛线团被骄傲地挂在走廊里，呈现出美丽的画面。从左到右，这些颜色归功于黑胡桃木、秋麒麟草、秋麒麟草加靛蓝、茜草、洋红、儿茶、靛蓝。

能把羊毛染成黄铜色。但由于塔莎家这一地段的严峻天气，阻碍了她种植很多所需植物，其他的所需染料，都来自较远的地域。她摇着头，并哀叹“住在北方的自制染布者的确很难”。凯特解释说，她会把自己用欧茜草制成的红色染料从南方寄给塔莎，因为欧茜草在北英兰地区的北部不能长出足够多的根系，无法填满染罐。而儿茶（胶质金合欢），是巴基斯坦和缅甸的土著树种，它能产生一种生锈质感的棕色色调，也经常需要通过商业采购。

地点较近的供货商，是一位在纽约州更北部的绅士，他会为塔莎供应冬天所需的紫花苜蓿干草。他也会带来一大袋子新鲜采摘的黑胡桃，他会用这些作为交换，得到塔莎的一块馅饼派。为了达到黑胡桃所产生的深棕色，羊毛必须没有一点媒染剂，但是塔莎和凯特准备把染浴过程放在金属小汽锅里进行。她们确信，如果有铁锈进入溶液里，会成为固定剂。“我们使用的所有染料，除了洋葱皮，其他固色都很快，不会随着时间发生褪色。”当被问到为何选择自然材料时，凯特这样解释说。“大多数的植物都有某种染色效果，但是这其中只有极少数固色足够快。

羊毛浸入染缸的几个星期之后，塔莎的走廊里就会骄傲地挂满亮丽的线团，等待着风干，也等待着客人们的赞赏。“接下来，我会把它们都洗了，首先从颜色最浅的开始洗，以确认它们真的固色了。”塔莎说。“如果它们都顺利通过了检验，那我会得意洋洋地广而告之。”

当染过色的线团经历了阳光和水的检验之后，它们就可以准备织成布了。如果你足够幸运地被邀请到塔莎家过夜的话，你可以在若干客房中任选一间。我最爱的是楼下的一个房间，离厨房炉火的温暖不远，床就依偎在一台硕大的老式织布机旁边。事实上，这台织布机是安装在楼下各个房间里的七台之一。其中只有三台是塔莎自己的，其他的都是朋友们的，她们没有足够的地方容纳这些大家伙。当然，你也许会猜到，若干台织布机立在那里，这场景看上去真的很别致。它们都是经线，分别承担织布过程中的每一道工序。“这么多台织布机同时工作，我真想把每个星期天都纯粹地奉献给织布啊，但是时间总是不允许我这样做。”塔莎经常这么说。这也促使我相信“迟早，所有这些活儿都会完工的。”

除了零散在塔莎家各处的织布机，还有一些在谷仓

里的，这些她基本只在暖和的天气里使用。她会把最喜欢用的织布机放在眼前，这样无论她什么时候有空闲，都可以马上织起来。当炉子上一只锅在沸腾的时候，或者她心里又孵出一个艺术灵感的时候，塔莎经常会脱掉鞋子，马上坐到织布机前面，用穿着袜子的脚掌熟练操纵着踏板。通常，直到黄昏时分，你都能听到踏板发出稳定的噼啪声，偶尔被有节奏的敲打织物声打断。

“比起之前的准备过程，织布那就快得像闪电了。”

如果有人觉得织布很乏味，那塔莎就会这么说。因为她是个艺术家，所以她很喜欢在织物设计上进行大胆尝试。“我个人更喜欢用纯色，但是家里的男孩子们考虑到他们的衬衫衣料，更喜欢花色。”她这样告诉我。因

取决于羊毛要浸泡多少次，
靛蓝染料的颜色要从浅灰蓝色到深蓝色不等，呈现多种色调。
塔莎绝大多数的毛毯，尤其是提花织布机编织的那些，
都要在靛蓝里再掺入一些白色。

此每次选择图案的时候，她都会打开那本已经磨破的款式手册，它就放在织布机不远处。然而，更多的情况是，她创造自己的图案。“我不能两针两针地加上去，但是我可以先拟好一份漂亮的织法草图。”她说。草图通常只有一张纸，坐标格前前后后画着很多小的×形阵列。草图看起来没什么，但是它确实是塔莎的作战计划。当她开始一项工程的时候，草图会告诉她，要用哪种颜色的线穿过那些经线。随着时间的进展，这张草图会慢慢地变得破烂而褶皱，因为要反

炉灶旁边的一台织布机总是在穿针引线地织着格子布，于是，塔莎的儿孙们都可以穿着手织布做成的衬衫。男孩子们总是有足够的衣服穿，“但是这些衬衫都能穿上几十年呢。”

复翻阅 × 阵列的位置，以决定如何设计穿梭动作，来来去去地把它织满。这一过程期间，这看起来低调的一张纸，对于塔莎来说，完全和她的家庭食谱一样重要。

当她决定了一个设计之后，织布机必须要先排列经线。排列经线可是一件大事，几位爱织布的朋友们平时倒是很乐意聚到一起做一些快速完成的活儿，但这件事

塔莎也曾尝试过一些夸张的手织方式，
她说，这种款式对于她的品味来说“有一点晗晕”。
她还尝试过地中海方格花纹，但是她迄今仍更偏爱简洁的方格。

可需要他们的耐心了。塔莎很享受这样的机会，她会把人员安排在房间的各个角落，当工作推进时，她用奇妙的美餐来奖励他们的努力，当全部完成时，大家会跳起喧闹的谷仓舞。

与此同时，所有这些的动作都是靠线轴支架完成的（或者也叫盘架，凯特这样称呼）。数十个线轴往穿着经线的平板上喂纱，十五至二十码长的经线被快速揉搓，形成惊人的面积。“它的美在于质朴。”当我对这一过程表达敬畏的时候，凯特总是这么说。并不是正确颜色的纱线，经过前前后后足够时间的揉搓就能达到相应的精密长度，但是当织布的人把经线和板子分离开，再放回织布机的时候，它们必须保持在指定的位置。塔莎跟我说，织布的人要做十字标记，就是绑一根鲜艳颜色的绳子，以确保每一方都在正确位置上。“因此，你需要无比的小心。”她提醒着。“如果你丢掉了十字标记，那确实是个相当糟糕的消息。”对于她，这当然从未发生过。不管怎样，所有那些线（塔莎经常驾驭宽度超过一千股的经线）被同时取下来，用钩针编成一根，然后再放到织布机上，就不会绝望地缠到一起了。但是，这很可能是令人刺激的潜在灾难。

在认识凯特之前，塔莎总是一根线一根线地细心安装每一台织布机，“但是凯特跟我分享了很多十八世纪的捷径，比如如何同时穿上五六股线，这节约了太多的时间和情绪。”

开玩笑地说，如果塔莎为一件工作坐的时间太长，她就会为此感到焦躁，她会如坐针毡，并把这样的屁股叫作“织女臀”。“我必须起来活动一下了。”如果她起身拿东西时有人代劳，她会抗议的。“假如我静坐得太久，我就会患上‘织女臀。’”事实上，操纵谷仓里的任何一台大型织布机，都需要不可想象的体力贮存。不论按照谁的标准，这都是十足的体力锻炼。织布的人不仅要用全部体重踩下踏板以让机器动起来，她的上肢还要前前后后繁忙地挥舞，让织布梭子来来回回，快速划过四十五英寸长的经线。当有人质疑八十多岁的人怎么还做这样的手艺活儿，是否安全，塔莎会坚持她的观点，“很多年前，我就锻炼出了织布所需的足够力量，因此现在它至少对于我的身体来说并不是压力。”

炉灶旁边摆着一台最低调但是最勤奋的小织布机，

上面穿着十二码长的羊毛线，它们是用来织成格子图案的衬衫布。但是塔莎目前最喜欢的织布机，是悬臂模式的，在楼下的客房里放着，这件宏伟的机器让这间屋子里除了床什么家具都挤不进去了。“我很为这台织布机

谷仓里的那台织布机，运转起来需要一千多个零部件。
“我经常用粉笔把准确数字标记在侧面，”塔莎说，
“但是亚麻布的编织总是需要太长时间，我的那些标记常常都消失了。”
在附近的一张桌子上，放着一个织布机的微缩模型，
可以放在手掌上，“我觉得这是一个销售样品。”

沾沾自喜。”她说，“你还记得么，我等了二十年，直到它的主人死去，这样我不就可以拥有它了么？然后我毫无疑问地拿到了这台机器，以及全部的脚架、滑轮、皮带和梭子。这让很多织布的人都嫉妒了。”当然，并不是每一个人都欣赏到了它的美。“如今也不再容易寻到像谷仓里的这几台老织布机了。”塔莎有些哀伤，“这些庞然大物，很多人看到之后只会劈碎了点火，很多新英格兰地区的鸡舍都是用织布机的某个部件建的。”

亚麻布的魅力在于，随着时间推移，它的质地会变得如丝般柔软顺滑。“亚麻不能染色，但是随着年头的增长，它的颜色会加深。”凯特解释说。在这块古董亚麻布料上，编织工用磨破流汁的栎树枝做下了标记。

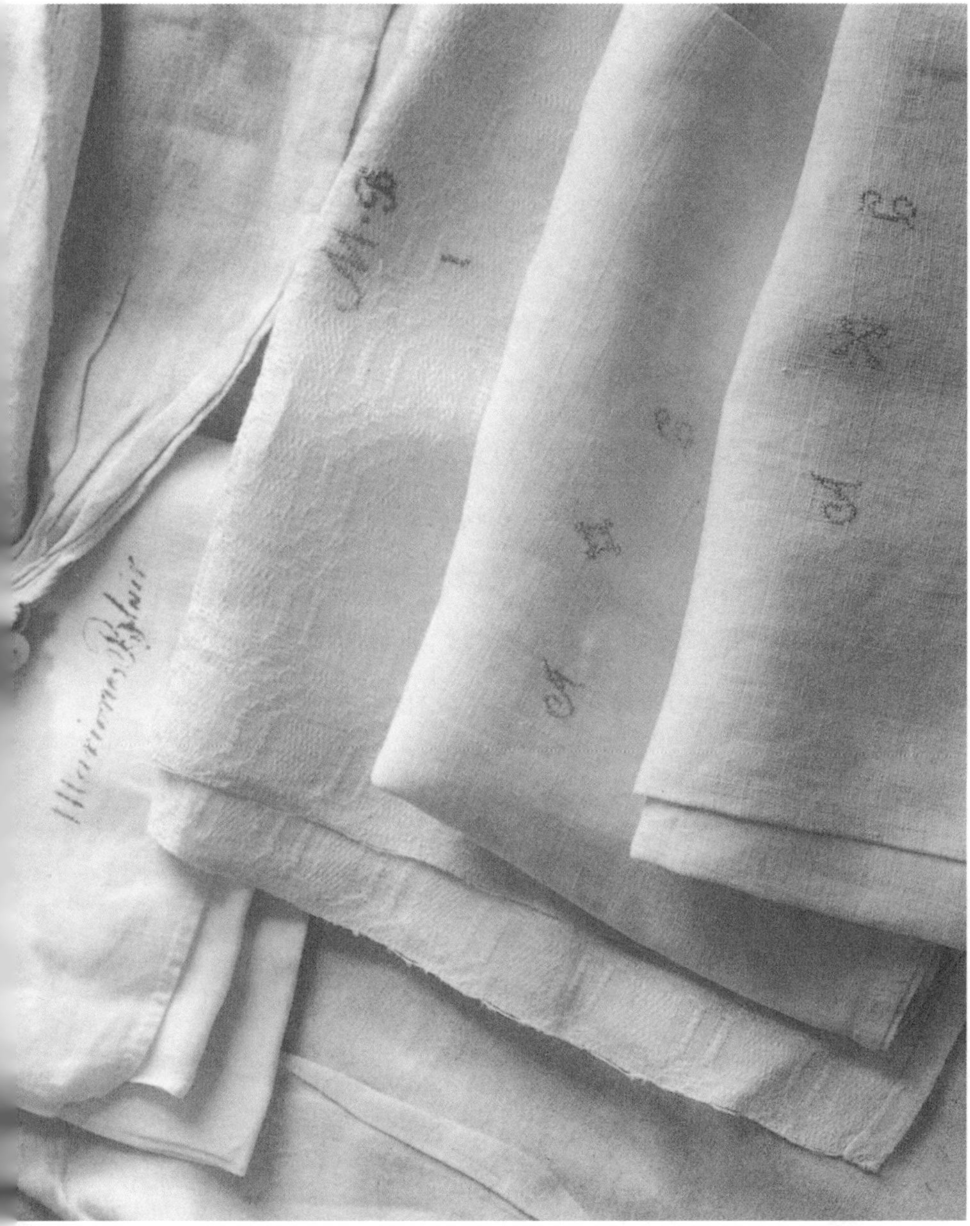

被友人分享在客房里的织布机，是能穿起十五码长的亚麻经线的，它可以为塔莎的衬裙提供衬里。事实是，塔莎手工织成的亚麻布，即使在最活跃的DIY达人圈子里，也从没有失败到让人皱眉。任何一个织布的人都会很开心地告诉你，这种亚麻驾驭起来，众所周知的富有挑战性。“这种亚麻自己很有个性，”凯特警告外行们，“每一针一线都不听话。亚麻面料还会随着天气而伸展，然后很难回到原来的形状。它确实是个棘手的家伙。”但是塔莎为它着迷。“我在亚麻被单上睡觉，我穿亚麻内衣，我就是单纯地喜欢那种质感而已，”无论何时，只要有人问起她是有多谨慎，才能织出这十五码的这世界上最棘手的纤维，她都这样说。

假如说，她已经有了足够多的经验，从本地种植的亚麻开始，自己收割、染色、织成布，然后为哥哥缝成衬衫，她就会懂得如何去驯服这种纤维。她的织布手艺，如你所能想象到的严谨优良，最终完成的作品摸上去简直像丝绸一样。但是，即使她如此有经验，这个过程也是缓慢的。“当布匹完成后，还要清洗、悬挂晾干，那是我生命中荣耀的一刻。”她承认。

与此同时，塔莎在衬裙的外部使用的亮红色的毛线，在织布机上纺织的时间相对快一些。她指出，“我一个小时内能织出一码的毛线呢。”只要布一准备好，她就会把它们码放在一起，用小羔羊的羊毛做衬垫，然后缝拢。“真的是相当的温暖舒适啊，你可以靠在上面试试。”她说。每当塔莎听到别人问她，在佛蒙特州漫长的冬季里如何保暖，她总是把全部的荣誉都归于她轻软的羊毛衬裙：“它们极保暖的，如果气温下降，我只需要再加上几层就行。”

～

第六章

及时缝补

缝被子 · 织花边 · 缝纫

～

在所有的工艺品中，塔莎目前最喜欢的是那些她能够在傍晚安静地坐在炉火边完成的作品。“只有在白天才能画水彩画。”她说。只要太阳一落山，她就会放下绘画颜料，通常取而代之，她会拿起缝纫针。

缝纫的美妙之处在于，除了缝纫技术，它几乎不需要什么工具。一把精致的剪刀、一根针、一些不同颜色的线（有时候，塔莎按照比阿特丽克斯·波特《格洛斯特的裁缝》一书中教的那样，将线各自扭成一团）、一小块有助于针滑

塔莎的缝纫筐里，包括：能让绸带穿过蕾丝的锥子、绣花剪刀、绕线机、顶针、成袋的针、卷尺，从她的曾祖母那里得来的精致纽扣，还有做白色衣物时所用的打眼锥。

动的蜂蜡、满满一箱大头针，也许还要有一根测量的卷尺，万事俱备，她就可以劳作一晚上了。

只要塔莎一拿到针线，她总是套上一个黄金的顶针，顶针表面上雕刻着她名字的首字母。“每一个出身得体的年轻女子，都会在她十八岁生日那天获得一枚黄金顶针啊。”她告诉我，带着困惑的语气。只

虽然柯基小屋在白天非常温暖宜人，塔莎却还是喜欢让它“在夜晚足够的冷，以满足球茎类植物生长”。而那由粗梳羊毛填充、亚麻布作被面的被子，可以让她足够保暖。

有当我没领会基本生活常识的时候，她才会有这样的语气。“因为不断使用，我妈妈的顶针已经非常旧了，顶端还有一个危险的洞。”

只要有时间，塔莎就会参与到一些缝纫工作中。有一些是长期的工作，比如，我曾听到她义正辞严地声称：“在我辞世之前，我想要完工这件棉被，就是你靠着的那条。”这棉被一旦开工，她就不能取消了，但是从她裁下被面算起，真的已经有十年了。“这个图案叫作北方人的荣耀，因此我觉得这个主题很合适。”她解释着。“我也很高兴地宣布，它终于进行到缝合的阶段了。”

塔莎会把一部分进行中的缝纫作品暂时收起来，等着自己的兴趣再次点燃时才拿出来。但是在日常生活中，她确实已经做了足够多的手工。比如在特别紧急的情况下，她会用手修补。对于塔莎，没有什么会比给一件破烂的衣服赋予新生更能带来喜悦了。“看这件，”她举起一条裙子轻声说，“我给所有的羊毛袜子都打了补丁，它们可以接着穿上好几个冬天了。”当然，这些袜子只有从秋天到春季中期才穿得上。只要大地回暖到可以种植谷物，塔莎就开始赤脚了。

塔莎并不用木制的蛋形织补架，她利用一只小的葫芦瓢，使袜子的表面分开。“嗯，这是新英格兰地区的古老招数，”她说，“我确实还不能单枪匹马地发明这个。”葫芦不仅有浑圆的外形，以及很容易套上一只袜子的合适大小，它还有六英寸的脖颈，可以更简单地将袜子套上和取下。

不时需要修补的衣物里，袜子并不是惟一的一种。塔莎最爱的连衣裙和围裙看上去也要补了又补，而且你可以想象当面对园艺大师的衣服时的那种严苛。事实上，它们会按照常规程序被放进洗衣机。虽然它们都有良好的衬里，而且用最结实的部件组成，但还是不可避免地时常被磨得很薄。塔莎很讨厌与心爱的连衣裙做割舍，因此她会孜孜不倦地补了又补，以避免这一刻的发生。她有足够多的绣花针，分别针对棉线和毛线，同时，不同型号的织补针她也有着可观的库存。

编织针也经常被用到，不仅织毛衣时用，修补时也常用。塔莎从她的苏格兰保姆那里学会了织毛衣，这位保姆对于她今天的才能功不可没。“当然，我无论如何都不是天生就继承了她的能力。我甚至连编绳都不会

呢。”当各种恭维向她涌来时，她会反对。但是当她开始正针反针地织起来时，一切当然都驾轻就熟了，她自有一套精湛的针法。当塔莎的小孩子很小时，她给他们织各式各样的毛衣和围巾，现在搁在房间各处的很多披

当塔莎编织北欧式的袜子时，
她会同时使用五根双尖织针，以保证织品完美无缝。
“我有整整一筐不同尺寸和型号的织针呢。”她说。

肩也是她的手工作品。

这些天来，塔莎目前最爱织的是袜子和连指手套，而那些带着复杂图案的织物，则意味着那是送给某个特别朋友的礼物。她最喜欢从才女琳达·艾伦那儿学来的北欧式图案，那图案常常太复杂了，她需要先用方格纸画出草图。“琳达从里子开始织，”塔莎解释说，“而我从正面开始织。”圣诞节前的几个月里，也许你能见到她夜里坐在炉火旁，织着一双笨重的袜子或围巾。

“我希望我的朋友们手指脚趾都能有基本的温暖舒适。”她说。塔莎同样很喜欢修补围巾和袜子，就像喜欢织它们一样。事实上，若有人把她的礼物穿破了一个洞，她会很开心。“我只不过是解开了一只脚，又把它放进一只新袜子里。”她一边看着温斯洛的靴袜，一边解释说。“它确实太容易坏啦。”

“她们懂得如何节省面料。”
塔莎说起那些追随她一起绣制仿古图案的女人们，
会这样赞许地说，“她们会把图案描在信纸被面。”

当塔莎织蕾丝的时候，织针就变得具体化，甚至她还要使用比织北欧图案时更小的针。在她最喜欢的椅子旁边，放着一本经常翻阅的《经典棉针织花边》复印本，书页里还插着几个书签。不必解释，塔莎的枕套和衬裙都有针织蕾丝作装饰的褶边。

虽然塔莎从未绣或织过白色的物件，但她其实很喜欢这类东西。她的书桌里装满了精心叠好的蕾丝衣领、蕾丝围巾、蕾丝长披肩，它们在特殊场合里可以加到衣服上起修饰作用。正是因为她觉得如果把白色织物也加进自己的手艺活儿长名单，那会感到特别强迫，会有一大堆超级复杂的复古蕾丝刺绣图案有待完成。当然，如果某天她决定掌握线轴编织蕾丝的方法，她就可以叫上她的朋友琼·迪古斯托过来帮忙了。

无论你问琼关于任何年代衣服的问题，她都对答如流。因为她不仅仅拥有关于各个年代服装的渊博知识，从衬里裙到格子裙，她还可以把你一瞬间想出的任何款式都缝纫出来。自从她把自己关于复古服装的兴趣分享给塔莎之后，她就频繁光顾柯基小屋了，每次光临的时候，她也会带些针线活儿，以让手里不闲着。

塔莎相信，每个人都有一个自己认同的年代，就对

1910年代的服装倍感亲切，就是那种复古的紧身胸衣以及苗条的裙子。而塔莎的年代看起来更远。她喜欢的每一样东西，从织布机到厨房器皿，都来自1830年代。她会告诉你，在真正研习一件复古衣服原型之前，她已经开始忙着制造那个年代的服装了。“这很奇怪，我就是对那个年代的风尚有着天生的观感。这也是为什么我很确定自己真的曾到过1830年的土地上。”她实事求是地说。

确实，当塔莎穿上1830年代的长裙和合体的紧身胸衣时，看起来也真的更舒服。而对于当代时尚，她从无赞美。“那简直就是我厌恶的全部汇总。”她相当激烈地说。当她看到穿裤子的女人时，她会窃窃私语，“为什么女人喜欢穿着男装炫耀？长裤与绅士才最匹配，它太不能勾勒女性轮廓了。”

在一天的日常工作里，塔莎通常穿着简单的手工长袍以及合体的紧身胸衣、系腰带、长套袖、领圈和打褶的裙子。“你无法形容塔莎其实是多么的娇小，”琼经常爆料说，“她有着我见过的最细的腰。但是她又给裙子加上了那么多层，尤其是在冬天。”她平时穿的连衣裙都已经相当的简洁了，但她总会在某处加上些装饰，风

琴褶加在腰部、喇叭褶加在裙摆上，滚边强调在接缝处。真是每一处都有细节。

每次琼给塔莎带来她的复古紧身内衣新设计时，塔

"白色衣物的重点，就是要多几个设计新颖的纽扣眼。"
每当琼·迪古斯托想要鼓励别人尝试时，
都会这样解释说。

莎总是在细节上投以赞赏的眼光，并啧啧道：“那让我想起了妈妈的感觉。”她也许和她妈妈的穿衣品位并不相同，但她确实遗传了她绣花的天分。“妈妈做过很多精美的绣花作品，”塔莎回忆说。“她的样貌很美丽，但

尝试再现 1870 年代的连衣裙，塔莎说：
“哦，这确实是个复杂的事情，有很多的细节工作，
还有滚边和怀表袋呢。”还要有一个腰垫用来增添“背后的魅力”。

她仍然会亲自缝补外出穿的连衣裙。其他的女孩子们都很羡慕并且期盼着拥有同样的一件，因此她会拿出针线与黄金顶针，靠她的手艺赚些零用钱。”特别地，塔莎从妈妈那里学会了缝制装饰用的衣褶，比如用塔夫绸辅以复杂针法，给她哥哥做了一件加上衣褶的牧羊人衬衫。“自始至终，只要塔莎投入工作，她就会告诉我，男士衬衫上的装饰性衣褶应该特别匹配他们的职业身份。因此每当去市集时，她们就会通过胸部的装饰物猜测出对方是做什么工作的。”

现在，塔莎非常痴迷于一种款式，她给它起绰号叫作“静水连衣裙”。当她手工方向的朋友们聚集在一起开展常规活动，比如给织布机装经线或者制蜡烛时，她的儿子们就把这些各具才华的追随者们称作是“静水活动”。“我是元老。”塔莎骄傲地说。因此没有人再敢穿着牛仔裤来塔莎家，女人们需要穿着适宜的正装，以便参加塔莎精心筹办的谷仓舞会。她会提供一款设计过的裙子，基本合乎每个人的品位和轮廓。她还会提供足够宽敞的空间，让大家不受阻碍地活动。就在那时，静水连衣裙这个词诞生了。它有着饱满的裙摆、宽阔的袖子，还有从中腹部到腰部的褶皱设计，它使线条看起来更柔和。塔莎的说法是，袖孔和腰带都要用轻质的澳洲羊毛做滚边。

塔莎白天穿的裙子是一种，而晚上穿的裙子是完全不同的另一种。“她的绣花水平真的太卓越了。”琼说，带着赞叹的口气。即使是绣一只云雀，塔莎也会从一块旧的绣片里从头到尾地一再研究，直到完美地复制。“我从未穿过整个拼成图案的连衣裙！”她带着一丝自豪。虽然这看上去如此不可思议，但她真的只是拿着绣片里里外外仔细信看了看，就复制出来了。“我从塔夫绸上裁下一块图案，然后再用一块同样尺寸的覆盖上去，依此描出轮廓。”她解释说。虽然其他人都管这件连衣裙叫仿制品，但塔莎更喜欢称呼为描轮廓，当然它也有学名：阿依达。

取决于不同的场合，阿依达需要穿着款式从塞维尼式到切尔卡西亚式不同的复古内衣，有的是高腰的，有的是中腰的，有的是肚兜，还有多层次带褶皱的，它们再现了1830年代的各种典型着装风俗。“褶皱必须用平头钉来钉在衬里上。”塔莎一边忙碌地钉着阿依达，一

边解释说。“这是让它们完美下垂的惟一方法。”她的手指娴熟地劳作着，把织物按顺序整理出形状。“滚边是最重要的结尾动作，但是注意，你最好裁成斜纹以避免

这是当年的成年人礼服，是十九世纪一位裁缝的样版，
如今却只能是少女才能穿进去了。

起褶。我从没因为购买昂贵的镶边困扰过，杂货店的带子对于做滚边来说，同样表现得很好。”

暂不理会那种惊为天作的表情，“这些真的都是实践得来的，你自己也可以轻而易举。”塔莎自己织的布不仅看起来不可思议的复杂，用起来也真的很棒。“衬里是最基本的。”她确定地说。无论是多复杂的塔夫绸织品或是草坪礼服，它的衬里都是最基本的棉布，就好比说，“棉布给予了衣服力量与身躯。”当然，合适的内衣也更能塑造轮廓。“晚礼服需要穿紧身胸衣。”塔莎重申。在1830年代，胸衣系得太紧了，以至于让女人的腰部和腹部缩小了两三英寸，这样会凸显出上面的胸部。“塔莎几乎不需要这种胸衣来减小腰围，”琼说，“但是这种胸衣也会从某种程度增加些体积。”塔莎坚信，胸衣不仅能矫正懒散坐姿，还能够预防下背部疼痛。“哦，只要你一不再进食，它穿起来就太舒服了。”她说。

胸衣下面放着一件内衣，领口凹下去了，更加凸显颈部的优势。最顶端是精心设计的塞藏、刺破、投射、遮盖、折叠、刺绣和其他增强效果的织物。在1830年代，有多于几十种的袖子引领风尚；塔莎把每一种都一一复制，即使她最喜欢的只是宽松的羊腿形袖子。内衣的分类也无比详细，但是裙子也汇集了多种多样的材料，以强调其沙漏式的形状。这些汇集本身已经成为精湛的作品。塔莎会想方法将织物弄光滑，因此腰部从不会显得膨胀，反而会有令人愉悦的丰满，当坐在地上的时候，还会对臀部有礼貌的遮盖作用。这样的小妙招其秘诀在于卷褶，它是靠在织物上画上成行的线，然后用军队似的缜密命令穿针引线完成的。

取决于天气以及塔莎当天的心情，她最爱的连衣裙，一般来说，要么是那件紫色印花裙，要么是那件黑色塔夫绸礼服。做每一件衣服时，她都绞尽脑汁地选择面料，如果在家附近找不到需要的，她就会出走走。当她决定制作一件复制品时，她会想象一下裙子的质地、颜色和印花。“塔莎喜欢小小的玫瑰图案，”琼观察到。“别忘了，她的姓氏可是杜朵，那源自英国黄金时代的都铎王朝。”她喜欢充满活力的色调，“尤其是那些不容易用来表现土壤的色调。”

塔莎的礼服穿着贴身，是因为背后有几十个小纽扣，把它们都扣上可不是个简单的本领。“在1830年代穿成这样，那一定是杂技演员啊。”她轻声低语，并也

想得到这么一套复杂的装备。还有一种情况，就是为了判断丝绸是否够好以及机织棉是否原装，女人们会整天穿着这些时尚的衣服，然后背着小女仆在背上，并且叫喊。幸运的是，当塔莎穿上华丽的服装参加节日活动时，几个朋友都会在身旁搭把手。如果她穿工作服的话，其实一点儿都不需要帮助。她脱下的日常衣服，俨然已成了她的第二皮肤。毫无疑问，1830 年代成就了塔莎。

塔莎最爱的一件连衣裙，是一条设计简洁的、有羽毛点缀的瑞士式礼服，第一次穿着是在 1820 年代。在她的梳妆台上，她还保存有带着粉笔轮廓的、她的“曾曾曾”祖母穿过的一件相似款式。

第七章

微缩模型里的世界

木偶 · 玩具 · 玩具屋

尤其是在深冬时节，当户外消遣变得稀少，花园开始沉睡时，我经常在傍晚给塔莎打电话，问问她的报春花是否发芽，或者跟她分享一则山茶花养护知识的小诀窍。无论我何时打电话，她总是深深沉浸在某种高效的努力中。正如她所说的那样，她相信“游手好闲是魔鬼的游乐场。”最近，不论我什么时间打电话，她的双手都正在全神贯注地制作玩具。“我正在做另外一只猫头鹰呢，”她说，“但是，你继续讲吧，不妨碍我手里的活儿。”于是我们就这样讨论着堇菜属植物传播的里里外外，或者当塔莎完成手里的玩具时，还会担忧一下天气以及它对于肉桂粉的影响。随着我们聊天，她也随时播报着最近的进程。“你应该来看看这个猫头鹰，”她说，“它特别帅。我刚刚用小纽扣给它缝了一双眼睛，这让它看起来带着淘气的表情哦。毫无疑问，它正梦想着去捉田鼠呢。”

塔莎从来不会真正地追忆童年，以及那些已经飞走的梦。如果你尝试发掘她青春的源头，她会平静地解释说，那是因为自己的想象力从未褪色。她最喜欢的命令方式，通常是用不耐烦的口吻说，“用一下你的想象力嘛！”她的内心像她那些异想天开的事例一样年轻，她的房子里装满了各种可以玩的东西。离厨房不远的地方，有一个复杂的、多层次的玩具屋，这里甚至比她的房间还舒服。塔莎喜欢在这里忙活着，为这些无生命的居民想象出一些小小的奢华。沿着一条长而蜿蜒的走廊走到尽头，是木偶剧院，这个不可思议的庞大工程是由那些挂在墙上的有弦角色们组成的，它们永远预知着自己的心情。赛斯还雕刻了一些供观众坐着的漂亮长凳。

像大多数人一样，塔莎也是从很小的时候就开始玩玩具了。实际上，她最早的记忆是两岁那年，获赠了一个玩具奶牛作为礼物（“我的苏格兰保姆坚持要把牛角砍掉，因为她害怕那会扎到我自己，”她解释说）。但是对于大多数人来说，对于玩具的喜爱会随着岁月逐渐减少，然而对于塔莎，这种感情竟从未消褪。

赛斯并不是一个多话的男人，但是只要给他一点点鼓励，他就能开始对这些不可思议复杂的游戏进行冗长的描述，这些游戏都是他妈妈为新出生的家庭成员发明出来的。“她并不只是迎合我们。”他告诉我，“我妈妈喜欢玩具，她尤其喜欢玩那些娃娃。我确认，她和我们一样喜欢玩玩具哦。”

起初的一批玩具只是简单的木制农庄动物，它们供那些蹒跚学步的儿童来娱乐。有一些现在仍然放在塔莎炉灶上的架子上。其他剩余的游戏时间是与这些玩具们度过的：吃饱的喜鹊、吃饱的兔子、布娃娃、纸娃娃，纸娃娃上面还拧着各式各样的纸制衣服，与娃娃相配。塔莎长时间地努力开发家庭成员们的想象力，她摆弄出了一系列精湛绝伦的自制玩具范例，甚至让那些工厂制造的玩具相形见绌。孩子们也会偶尔享受到顶级款待，那就是去纽约市旅行，找联合国粮食与农业组织的施瓦茨先生挑选玩具。

“每个小孩都有各自最爱的玩具。”塔莎回忆说。“赛斯遇见了默特 · 博格特，他们深深地一见钟情，因此我不得不再为他们另外再建造一座玩具屋以供居住。默特是一个能旋转、特别淘气又很丑的家伙，他掉了一颗门牙，还有绿色的苔藓似的头发。埃弗娜的专属玩具则是她妈妈发明的其中一个，是个可以洗澡的婴儿娃娃。他是浅陶土色的，在一个朋友的窑里烧制成，然后用弹性材料连接各处关节，这样在澡盆里整个过程也是无毒害的。”塔莎回忆说，“这件玩具整整耗费了九个月才制作完成。当完工时，我们为此举行了一场荣耀的迎婴派对。”

提线木偶表演秀，起初是作为小娃娃们的娱乐项目开展的。每一年，家族都会筹办盛大的圣诞派对，塔莎总是觉得，她的这些娃娃是很令人妒羡的。因此为了假日消遣，她开始策划木偶表演秀。所有附近学校里的孩子们都会被邀请来参加。

起初，塔莎把提线木偶表演秀管制的很标准，并按照童话故事那样分章节演出，比如“小红帽”、“杰克与豆秸”（带着一个可以强劲发射的秸，差点儿弄破天花板）。有一年，家庭演出“圣乔治与龙”，为此，赛斯造出了一个好几米长的爬行怪物。“他是个能喷火的急脾气，”塔莎回忆着，“因此我们用一根医用灌肠管做成了它长长的身体。男孩子们对于研磨木炭粉有着浓厚的兴趣，木炭粉被装成小袋，放在龙的咽部。当龙上场表演时，汤姆爬到舞台下方，往管子里吹气，使它从嗓子里冒出黑烟，生成妖云。”

当孩子们长大成人之后的很长时间里，塔莎仍然继续做着木偶表演秀。这也能解释为什么她让赛斯在谷仓边的凉亭旁建造了这座木偶剧院。这是一个迷人的地点，阴暗的树林深处，有洪亮的回声，一个完全为角色而生的演员等待着苏醒。四十三个提线木偶暂停在

舞台上，它们在塔莎根据威廉·梅克皮斯·萨克雷《玫瑰与戒指》创作的剧中都各自有角色。几十年前，她决定真的要做一些有挑战性的事情，于是她找到了这则童话，童话中的英雄与恶棍的角色数量比以往任何都要多。之前她只要和朋友琳达·艾伦一起合作，就能轻松地操控全部角色并掌握表演进度。绝大多数的木偶都有脑袋和手，它们首先用黏土建模型，然后浇入巴黎模

在过去的若干年里，塔莎用皮毛和木头为《柏曼镇的音乐家》这一部戏创造的玩具小狗，已经看上去越来越脏了。“它多么的楚楚动人，不是么？它甚至会将自己的脑袋藏在可怜的角落里。”

具石膏，再用烤箱烘烤。模具是特别重要的，因为有时候木偶角色需要做复制品。塔莎指出，“你不能给提线木偶更换演出服。”然而，她想要有一个由八只柯基犬组成的乐队，“最好要能演奏维瓦尔第。”其中一个客座指挥，帕斯奎尔·费里尼，它是一直塞着软垫的猫咪，当节拍响起的时候，它更喜欢用尾巴担当指挥棒。

木偶制作过程中，塔莎最喜欢的环节毫无疑问是制作戏剧服装。每一只提线木偶的衣着，其每一个细节都完美无瑕；她参考了萨克雷童话故事的第一版，这一版有他原始的画稿可以作为参考。她渴望尝试另外一类的提线木偶。“我想要制作伊卡博德仙鹤。”她说。为了做出《睡眠山谷传说》的木偶，赛斯加入了一个旋转舞台，这样那些无头骑士就可以用非同寻常的速度奔跑，舞台布景也可以呼地一下就转过去。

自从巴蒂斯达在《玫瑰与戒指》中成为了真正的公主，塔莎就开始给予她与之匹配的甜美表情、足够的乳沟以及精巧复杂的礼服。对于这项工作，塔莎依旧在钻研着她妈妈的绘具箱。

在这期间，塔莎自己在忙着给艾玛做华丽的礼服，艾玛是她最喜欢的娃娃。艾玛的名字，源自塔莎最挚爱的阿姨，她总是很大方地让到访的女孩子们在难忘的精致德国式玩具屋里随意玩耍，一同住在玩具屋里的，还有撒迪厄斯仙鹤船长、几只笼子里的小鸟、一群柯基犬以及一只俄罗斯猎狼犬。塔莎为玩具们创造的这个微缩模型的世界，简直值得全神贯注地看上一辈子。

塔莎想要给玩具们营造一个温馨的环境，所以她在装饰玩具屋时，让每一个细节都感觉像在家一样。除此之外，还有各种补充：到处塞满了椅子，起居室里还有脚凳，墙上还挂着几幅经典的小水彩画，仆人的铃，还有家庭相片以及小孔雀羽毛做成的纪念品。壁炉上方还有一把火枪，有一把等待奏响的大提琴，火边还有一筐木头。而在卧室里，书桌和床旁边是手纺车和纱线卷，还有一个小小的手工编制的篮子，里面永远放着备用的纱线团。

玩具屋有三层，厨房在最底层，但有些蛛丝马迹预示着它要被挪地方了。“厨房应该更高些，”她强调，“因为艾玛总是在厨房里工作。也许我应该把起居室放在底层了。”

艾玛有足够的机会占据着塔莎的厨房。搁在地上的是一台粗陶制作的黄油搅拌器，还有几个坛子、一篮子引火柴，随时等着点燃铸铁炉灶。那些挂在墙上、排布在橱柜架子上的，是漏斗、擦菜板、平底锅、砂锅以及优质厨房所需的其他各种小装置。窗边的笼子里还有一只鸟，当艾玛举着她的小炒锅，或是洗着她的黄色水罐和搅拌碗的时候，鸟儿带来了欢乐。

对比塔莎的家，玩具屋与之任何相似点都是特意营造的，这些用小家具做的装点都是赛斯的妻子玛杰丽完成的。赛斯解释说，给娃娃们创作家具所带来的挑战，一点儿也不亚于制作同等大小的复制品，“你惟一不用担心的，是某个人会把椅子往后靠得太歪。”

事实上，撒迪厄斯船长几年前已经开始约会他的新娘。“他是由整整一块木头雕刻而成的，因此非常的重。”塔莎说。为了让运动自如，他的关节处都被制作成球状带孔的，就像是艺术家们用来做模特的木头雕塑(“用折叠小刀来制作这些关节，其实很容易的。”塔莎指出。)然后这些关节用结实的松紧带连接起来。艾玛有“更加聪明的构造”：就像她的丈夫一样，她的胳膊

和腿也是由木头雕刻而成的，但是她的关节是用金属丝加固的，“这也是为什么她的身体几乎像提线木偶一样柔软。”还有，她的躯干是用塞满熏衣草的小羔羊皮制

“艾玛为了看《天鹅湖》而身亡，因此我制作了一个提线木偶。但它并不是精准的1830年代，”塔莎忏悔地说，“但是没关系啦。”在不远处还挂着一个《玫瑰与戒指》中打扮华丽的英雄人物——吉格里欧王子。

成的。除此之外，塔莎还把地钱草、疗肺草的带叶小枝，以及流汁液的芯都用于适当的地方。艾玛的头部是软陶制成，头顶戴着简洁造型的马海毛假发。不必说，经常会有一两只柯基犬凑到脚边，毫无疑问是来讨口吃的。每只狗都是用鞣花栗鼠皮制成的，“栗鼠皮的来源是那些不幸在路上丧生的家伙。”

艾玛和撒迪厄斯仙鹤船长享受着他们专属的玩具屋，这里如此舒适而便捷。每个房间里都有鸟笼子，包括厨房里也有。“鸟鸣声是很必要的哦。”塔莎表达着她的观点。

塔莎十分喜爱亲手给娃娃缝衣服，艾玛和撒迪厄斯船长都拥有满满的衣柜。撒迪厄斯船长很适合穿华丽的制服，或者上好剪裁的平民套装，每一件都有浆洗过的笔挺领子，还有怀表。对于艾玛来说，她穿着适合十九世纪美丽年轻女子的稳重得体的衣服。每一处折叠和打褶，从她的衬裙到别着胸针的蕾丝披肩，都缝得近乎完美，且有据可依地符合1830年代的风尚气质。她自己穿着宽松的羊腿形套袖，以强化她那纤细的腰部。当她坐在小水泵旁边，清洗着微缩的瓷器，或者用小研磨机粉碎的胡萝卜时，她会穿着一条硬挺的白色围裙，以便让长袍不被弄脏。塔莎亲力亲为地设计了艾玛的服装，首先测量娃娃的尺寸，然后用克里内克丝牌的面巾纸或是厕所手纸打出版型。在艾玛身上，体现了塔莎对于赤裸肘部的成见，自从她被大力宣传（她和撒迪厄斯船长结婚了，《生活》杂志还报道了这场盛事），她无论何时都没有露出乳沟，并且始终把精致雕琢的香肩礼貌地藏在蕾丝领口的下面。

在艾玛和撒迪厄斯船长建立家庭之前，毫无疑问，他们先通过鸿雁传书亲昵热络了许久。从塔莎的孩子们还很小的时候起，他们的娃娃就开始互相通信了，来来往往的只言片语被写在小信纸上，还带有显微镜可见的插图。每封信都被平整地叠好、密封，并塞进玩具屋大门前的那个小邮筒里。“我们叫它鸿雁邮局，”赛斯回忆说，“整个学生时代，只要一回家，我们就迫不及待地去看看是否有给娃娃们的来信。”

在假日里，娃娃还会互赠问候卡片，它们最终结集成册，就有了家庭自制的情人节之书。这也是塔莎想出来的招数，因为“特定的玩具会形成特定的亲密关系。”这本书是一部迷人的出版物，书中的伉俪，长和宽都只有几英寸，当然，书里还夹杂着详尽而隐晦的情人节卡片广告。卷首宣言是出版商的目的：“这本图册，是特别为你甄选的情人节卡片，设计涵盖了每一种浪漫的形式，或激情，或温雅，或幽默，或羞怯。”

塔莎最早的一本情人节书籍，只是她为孩子们想出的一种娱乐消遣，当然，也是她自己的娱乐活动。她会定期地整理出版同样迷你的图书《小鼠米尔斯目录》，在书中，图文并茂地介绍了各种玩具装饰品和娃娃服装的做法。几年以来，这本目录越发阐述详尽，直至娃娃们可以自选衬裙、绅士睡帽、夹克衫，还有夸张的“从巴黎带回来的法式针织衫”。那种特殊的款式是亮红色的，或者“黑色的，以营造附庸风雅的触觉”。还有小鼠米尔斯短袜（“它们合身、耐穿，而且从不下垂呢”），就像“红黑色相间的最棒的吊带袜”。还有一件“充满魅力的女睡衣，是巴里纱面料装饰有蕾丝，很适合居家夜晚穿着”，还有好几款不可思议的维多利亚时代华服，可供娃娃们穿着。

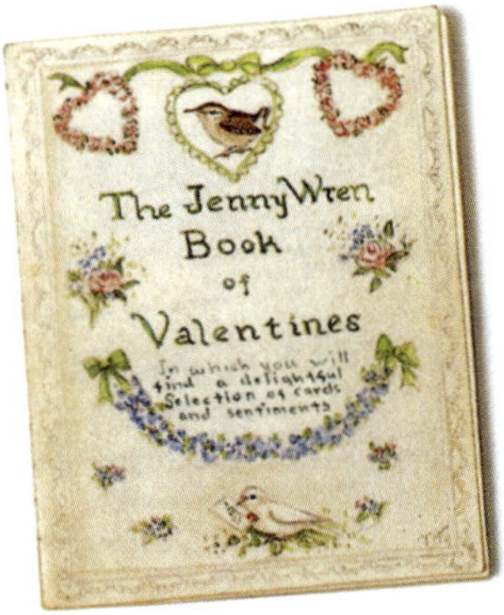

在有太多太多华丽物品的情况下，只需要花上一颗纽扣的价钱，就能享受到一次喜悦与风趣的描述。当然，塔莎的孩子们很想享受到无数次这样独一无二的待遇。为了帮助孩子们填满他们的财宝箱，每次做家务之后，他们都会得到纽扣作为报酬，“但是他们也会询问邻居，是否有多余的纽扣以适宜的理由捐赠。结果，我就有了一个如此壮观的纽扣收

在塔莎的孩子们逐渐长大的过程里，
他们的玩具通过鸿雁邮局有着不间断的书信往来。
每一封信都被小心翼翼地蜡封起来，以防止偷窥。

集。”塔莎说这些的时候眼里闪闪发光。

直到孩子们可以拿得出足够数量的纽扣，他们才可以自由地从目录中挑选任意他们想要听的。“我妈妈总是做什么吆喝什么。”赛斯为此证明。有一些活儿进展的要比其他更耗时，但是目录就可以在销售时对顾客说明这一点：“我们会竭尽全力地尽快满足您的要求，但

塔莎总是说她自己“单纯地与艾玛一见钟情。毫无疑问，你听过《卖花女》的故事。是的，当我创造出艾玛的时候，同样的故事发生了啊。”因此，几乎不容分说，艾玛的衣柜与装扮是最事无巨细的。

是也希望您多一些耐心。”为了避免失望，目录里还会包含更细致的说明：“当下单时，请仔细确认给出的重量和体积，并仔细叙述颜色。”这些导引性质的词语，被小鼠米尔斯的经营者蒂莫西·D·茅思仔细地标注着。“这很有趣，我们很多年来都这样进行着。”塔莎回忆着自己是如何把小小的目录完善成一个系列，并各自放回盒子里妥善保管的。

如今，鸿雁邮局的邮箱，可能不再像塔莎的孩子们小时候那样，被往来的书信塞满，但是塔莎仍然深深地沉溺于玩具。现在，柔软的玩具动物完全占据了她的注意力。尖叫的猫头鹰是迄今她最喜欢的创作，她还在持续地增加玩具动物群的数量。从任何人的观点来看，这些都是纯粹的消遣。他们都有由簇状线团做成的身躯，羽毛做成的脸庞，还有向日葵籽做成的嘴巴，但是仅仅只有这些相同点而已。有一些用纽扣做眼睛，其他用的则是玻璃。有一些背上插着翅膀，其他的在飞翔中散落着羽毛。所有的这些都有着令人目瞪口呆的天真气质，但是除此之外，每一只小鸟都有各自不同的样貌与性格。

为了制作猫头鹰，塔莎反反复复地往一个硬纸板上缠绕线绳，然后把它剪成相应的形状。她这个灵感来源于她给孩子们做的那种维多利亚时期的线团，可以来来回回投掷。“只要很少的花费，就能让孩子开心。”她总是这么说。但是玩具猫头鹰以此为蓝本，却复杂得多。当然，塔莎运用了与之相关的技艺。“我就是把线团雕琢了一下，”她说，“真的没做什么。但是千万别让剪刀失去自控力。一旦你剪下一刀，就没有纠正机会了。”每一只猫头鹰都有白色的柔软胸脯，这是用一卷奥博尔线做成的身体。然后塔莎把两片染色的羽毛用胶水粘成环状，成为猫头鹰的脸庞，然后再把其他的毛都卷进去，因为这种年轻的尖叫猫头鹰还没有褪去它们松软的幼毛。几内亚鸡毛插上去则用来做“耳朵”和翅膀。然后她把成品安装在一个白色的三项插头上。在那几根线的帮助下，这些猫头鹰可以栖息在塔莎放置的任何地方。其中一两个会放在画架上，俯瞰着又有哪些画作出炉。

画架放置在一张长木桌的尽头，每逢节日，桌子上会放满美食。当不需要用餐的时候，它就被用作工作台，推到靠窗的墙角。塔莎有着数不尽的颜料瓶，以及不同宽度的画笔，还有很多瓶墨水，以及其他艺术家常

用的物件都伸手可得。不远处，一只羽毛插在瓦罐里，还有几个线团、几片织物，以及所有塔莎收藏的口味古怪的“淘货”。桌子的剩余部分，则被制作中的玩具或模型所占据。

塔莎做过 2 只叫“巴卡·席迪”和“埃德加·艾伦”的布艺乌鸦。
旁边的是塔莎很久以前做的兔子玩偶“霍雷肖兔子”，
和其他的兔子一样，他也有很多亲戚，
最近制作出来的是叫“威斯利·海尔”。

虽然塔莎目前很偏爱尖叫猫头鹰，但她也会勇于尝试用填塞、雕刻或者其他手工的方法制作每一种动物，甚至也包括那些她从未见过只是虚构的动物。比如，有霍雷肖兔子，穿着完美无缺，红色背心配迷人的外套；还有里蒂西娅野兔，穿着方格花布的围裙，挎着采摘篮。这些都是用线团加上马鬃毛制成的；还有不远处坐着的，是多麒野兔，也是线团做的，脸上带着令人惊讶的个性表情。（“现如今，玩具兔子也许会看起来很奇怪，你觉得呢？”）贝萨妮童年时的仿天鹅绒喜鹊也

“你应该去看看我的山羊哦。”塔莎带着不加掩饰的骄傲说。
“它的体型很棒，有漂亮笔挺的背部，还有柔顺的乳房。
还有呢，它一点儿都不淘气。”

坐在桌子上，等待着有人来修理它下垂的尾巴；还有一些设计相似的崭新毛毡乌鸦，穿着背心和披肩，也坐在旁边。塔莎还做过一只修长优雅的猫咪，用来装饰在孙辈的肩膀上。她还雕刻了一只上好的努比亚山羊，它的身躯是用旧法兰绒被单包裹，再喷绘上适宜的浅黄褐色。山羊不仅仅拥有独特的罗马式鼻子、柔软的耳朵以及塔莎家挤奶动物惯有的高产，它还拥有柔软顺滑的乳房，这是用棉花填充制作的。除此之外，桌子上还有几只柯基犬、一只刺猬、好几只老鼠以及其他啮齿目动物。但是金花鼠显而易见地缺席了。塔莎可不想歌颂流氓，因为金花鼠总是偷她的鲜花鳞茎，或是破坏花园。

塔莎从不在天黑之后继续画水彩画。“我需要日光才能得到正确的色彩。”她解释说。取而代之，当太阳落山后，她开始坐在炉灶旁制作玩具了。旁边的织布机

虽然塔莎制造出数十个这种小的尖叫猫头鹰，但是没有任何两个是重样的。它们都有着向日葵籽制成的嘴巴，但是每一只却都有着独特的表情。

呈现着制作中的蓝白相间的毛毯，手纺车等待着填补空闲时光；还有一两条新做的连衣裙骄傲地铺在那里，等待赞许。总是有足够多的事物值得去看、去学习。塔莎是一个完美的老师，围绕着她的技艺，她耐心地揭示着每一项工作的秘籍，还有她那些异想天开的故事，更是增添了几分诱惑力。每一件事都是无忧无虑的，每一件事都是真实诚恳的。炉火投射出的影子飘舞在塔莎脸上，映照着她的颧骨。她无微不至，且专心致志，双手永不停息。